SOCORRO,
SOU UM COORDENADOR!

JOÃO VALTER FERREIRA FILHO

SOCORRO, SOU UM COORDENADOR!

**Sugestões práticas
para a organização de grupos de oração**

– *Aprendendo com dois grandes líderes do povo de Deus*
– *Pontos a respeito de relacionamento humano*
– *Sugestões para um melhor aproveitamento de reuniões*
– *Questionamentos iniciais sobre liderança na RCC*
– *Uma proposta de reflexão para coordenadores de Grupo de Oração, secretários e líderes em geral*

EDITORA
SANTUÁRIO

DIREÇÃO EDITORIAL:
Pe. Flávio Cavalca de Castro, C.Ss.R.
Pe. Carlos Eduardo Catalfo, C.Ss.R.

REVISÃO:
Lessandra Muniz de Carvalho

DIAGRAMAÇÃO:
Alex Luis Siqueira Santos

CAPA:
Fernanda Barros Palma da Rosa
Junior dos Santos

Dados Internacionais de Catalogação na Publicação (CIP)
(Câmara Brasileira do Livro, SP, Brasil)

Ferreira Filho, João Valter
   Socorro, sou um coordenador: sugestões práticas para a organização de grupos de oração / João Valter Ferreira Filho. – Aparecida, SP: Editora Santuário, 2002.

   Bibliografia.
   ISBN 85-7200-827-6

   1. Liderança cristã 2. Renovação Carismática Católica I. Título. II. Série

02-5781
CDD-269

Índices para catálogo sistemático:

1. Coordenação: Renovação Carismática Católica:
   Cristianismo 269
2. Renovação Carismática Católica: Coordenação
   Cristianismo 269

7ª impressão

Todos os direitos reservados à **EDITORA SANTUÁRIO** – 2018

Rua Padre Claro Monteiro, 342 – 12570-000 – Aparecida-SP
Tel.: 12 3104-2000 – Televendas: 0800 16 00 04
www.editorasantuario.com.br
vendas@editorasantuario.com.br

Dedico este livro:

À minha esposa, Sandra, e às minhas amadas filhinhas, Ana Cecília e Ana Sophia, as mais belas flores dos jardins de Deus.

Ao meu pai, João Valter, que, com sua competência e segurança, acabou conseguindo arrastar-me para o mundo da Administração.

À minha mãe, Francinete, cuja ternura influenciou profundamente meu jeito de pensar e de escrever.

ESBARRANDO EM UM LÍDER CARISMÁTICO

– João Valter, querido, a paz!

Aquela senhora estava realmente muito apressada. Cabelo desgrenhado, roupas amassadas, lábios negligentemente manchados de um remoto batom e brincos totalmente diferentes um do outro em cada orelha, eu sinceramente quase pensei que ela havia sido atropelada por algum caminhão.

– Como estão as missões na Secretaria Davi? – continuou.

– Oi, tia, bem...

– Tem viajado muito?

– A senhora sabe...

– E a família, como vai?

– Sandra, Ana Cecília e Ana Sophia...

– Ó rapaz, pois eu só ando correndo. Você sabe, não é? Assumi a coordenação do meu Grupo. Que cruz! Meu Deus, que coisa difícil, a gente não tem mais tempo pra nada. Você acredita que faz cinco dias que não vejo minha filha? É tanta reunião, encontros, vigílias. É muito peso pra uma pessoa só, João Valter. Mas alguém tem de fazer o trabalho sujo, não é mesmo?

    Muito embora aquela última frase fosse digna de ser encaminhada à Inquisição, nem tentei responder, pois percebi

que, mal acabara de pegar fôlego, ela já estava preparada para despejar nova torrente de palavras sobre mim.
– Escuta, eu vou correndo, tenho umas três reuniões agora à tarde. Tão bom falar com você! A gente precisa conversar mais.
– É – arrisquei um monossílabo na esperança de conseguir dizer algo, mas ela foi impiedosa:
– Tchau, até mais!
Partiu aos saltos. Umas três folhas de papel ainda caíram de dentro de sua Bíblia, mas confesso que nem tentei chamá-la de volta. Apenas sentei em um banquinho que havia ali por perto e, sentindo o perfume de algumas flores da pracinha, fiquei "matutando" com aquelas palavras:
– Trabalho sujo...
Será que é isto mesmo o que o Senhor tem reservado aos seus amados, o "trabalho sujo"?
Durante um bom tempo, procurei rezar, refletir e conversar com algumas pessoas de mais experiência sobre o verdadeiro papel das lideranças na RCC de nossos dias. Aos poucos fui abordando esse tema também em encontros da Davi por todo o Brasil e acabei chegando à conclusão de que o Senhor tinha – como sempre – algo escondido por trás daquela inquietação (e que não era um trabalho tão sujo assim).

Assim nasceram alguns escritos, que agora são reunidos em forma de livro, para a glória de nosso Deus.

Resolvi dividi-lo em duas partes:

1. Nela mergulhamos por um momento na vida de dois grandes líderes do povo de Deus: Moisés e Pedro. Faço isso em um esforço para que percebamos o que se passava no ín-

timo do coração desses irmãos, que foram "coordenadores" em momentos tão estratégicos de nossa História. Utilizo-me, para tanto, de um simples (afinal de contas não sou nenhum teólogo) porém rigoroso estudo de exegese bíblica, escrito em uma linguagem cristalina e que busca ser a mais poética e literária possível, utilizando alguma dose de criatividade (não esqueçam que sou da Secretaria Davi) no esforço por delinear aquilo que a História não nos deixou muito claro. Por fim, lemos uma carta de cada um desses líderes endereçada diretamente aos líderes da RCC do Brasil (obviamente também frutos de uma "imaginação inspirada").

2. Um conjunto de ideias, sugestões, reflexões, questionamentos que, penso, terão bastante utilidade na otimização de nosso trabalho nas coordenações diocesanas e estaduais, grupos de oração, comunidades, secretarias etc. Importante ressaltar que não temos aqui uma proposta de "unificação" em nossos métodos, mas simplesmente algumas luzes que, obviamente, devem ser contextualizadas e adaptadas para cada realidade, de acordo com o discernimento e a moção do Senhor.

***

Parece-me óbvio que, assim como no tempo dos primeiros cristãos, a Obra agora precisa de líderes sábios, corajosos, com verdadeira têmpera de mártires e que sejam capazes de dar um testemunho autêntico do poder do Espírito Santo a nossa sociedade triste e decaída, se necessário derramando seu próprio sangue. Temos à nossa frente um

Papa que está gastando todas as suas forças nessa edificação de um novo mundo. Dele podemos dizer o mesmo que Jesus disse de João, o Batizador: "*... uma voz que clama no deserto...*"[1]; ele, João Paulo II, tem andado por todos os cantos de nossa Terra perguntando quem terá coragem de apascentar cordeiros e ovelhas.

Eu já desisti de resistir: decidi também consumir minha vida neste que é o maior sonho de todos os tempos: a salvação do mundo. E você, coordenador, qual tem sido sua resposta ao clamor do profeta?

O autor

---

[1] Cf. Mt 11,10.

PRIMEIRA PARTE

Escolhi Moisés e Pedro para esta primeira parte que agora iremos ler porque tenho experimentado grandes maravilhas na liderança que o Senhor me confiou através do testemunho desses nossos dois irmãos.

Aliás, eles têm muito em comum. Ambos eram cheios de defeitos; ambos encontraram um amor maior que seus defeitos e que os enviava a uma gigantesca missão; ambos estiveram à frente de uma imensa Obra não por seu merecimento, mas por graça de Deus; ambos foram o estopim para a formação de novas nações; ambos deram a vida por seu Deus e por seu povo; ambos foram fiéis até o fim.

Moisés viveu conflitos muito semelhantes aos que enfrentamos em nossas coordenações hoje em dia: períodos de "escuridão", decisões difíceis, pessoas ambicionando seu lugar, vontade de jogar tudo para o alto e voltar à vida velha, necessidade urgente de estruturar algumas coisas... e conseguiu vencer tudo isso errando várias vezes, mas sempre mantendo duas constantes importantíssimas: *amor ao povo* e *escuta à vontade de Deus*.

Já a figura de Pedro, a meu ver, deveria ser sempre uma referência para qualquer pessoa que assume alguma missão de liderança em nosso meio, desde a coordenação de uma equipe de limpeza até a Presidência de um Conselho Estadual ou mesmo algo ainda maior.

Passagens como sua confissão de fé (Lc 9,18-22) ou mesmo seu último passeio a sós com o Senhor (Jo 21), bem como o que nos ensina a Tradição a respeito de seu apostolado e martírio, constituem um verdadeiro "manual do líder cristão" de nossos dias.

Ah, sim, agora percebi que estou usando a palavra "líder" mesmo!

É que muitos de nós temos *medo* daquilo que o Senhor nos põe nas mãos!

E aí entra uma das principais características de nosso amigo: ele não era o mais sábio dos doze, nem mesmo o mais "preparado psicologicamente" para uma missão tão colossal. Pedro não era o mais dócil dos amigos de Jesus e, muito menos, o mais prudente!

Mas, então, o que o distinguia dos outros? Que qualidade o fez escolhido para ser a "pedra"? Eu vejo que, dentre outros importantes detalhes, Pedro era um sujeito *corajoso.* Ele não tinha medo de errar! Uma forte inspiração de liderança o impelia a *assumir instantaneamente os sentimentos e impressões dos outros apóstolos e, sem mais demoras, expô-los a Jesus.*

Desde os primeiros dias até sua morte, cruzando por momentos como aquela vez em que passou a fio de espada a orelha do soldado romano (Lc 22,50) ou mesmo o primeiro discurso após Pentecostes (At 2,14), Pedro sempre assumiu seu lugar de representante legítimo, não somente de seus próprios impulsos, mas da opinião dos que lhe foram confiados. Essa característica lhe rendeu, inclusive, célebres descomposturas (ou você pensa que foi fácil ouvir aquele duríssimo "...*afasta-te de mim...*"?); mas era preciso que alguém tivesse coragem de recebê-las a fim de que todos aprendessem.

E isso não é o "trabalho sujo", não. Isso é fazer exatamente o que o próprio Jesus fez, porque *não há prova maior de amor que dar a vida pelos que amamos.*

Disso precisamos mesmo na RCC atualmente: líderes que não temam assumir o posto que o Senhor lhes reservou nesse momento tão importante. Coordenadores de grupos de oração que sejam espelho de retidão e testemunho de coragem para seu povo. Coordenadores Diocesanos que tomem verdadeiramente seu cajado e não tenham medo de indicar o caminho a seguir pelos grupos de oração de sua Diocese.

Notemos, por exemplo, o que representa para nós o sucessor de Pedro, o nosso Papa João Paulo II. Como podemos dizer que estamos cansados frente a sua perseverança? Como podemos alegar problemas para servir a Deus frente aos martírios de suas dores físicas? Pois da mesma forma que precisamos de seu exemplo, o povo dos grupos de oração precisa do nosso. Nossas atitudes devem inspirar os que nos rodeiam a mergulhar cada vez mais nos mistérios dos caminhos do Pai.

Mas o que vemos frequentemente em nosso meio? Coordenadores reclamando de tudo, querendo jogar a coordenação sobre os outros, alegando estar sendo consumidos demais, explorados..., e eu pergunto: alguém vai querer assumir alguma responsabilidade na RCC se todas as notícias que se tem dos bastidores da coordenação são ruins?

Outros vivem como que a clamar ao tempo que passe depressa para que seu período de coordenação acabe logo. Na verdade, foi inspirado neles que escolhi o título deste livrinho.

Precisamos deixar de lado essa mania de murmuração e abraçar esse presente que o Senhor nos confiou: nossa liderança em uma Secretaria, nossa coordenação, que, na maioria das vezes, são simples desculpas esfarrapadas que Ele encontrou para nos conduzir à felicidade. Isso mesmo, o Senhor usa nossa missão para nos fazer felizes, completamente felizes. Por isso Ele não precisa de "funcionários", que vivem esperando a hora de bater o cartão de ponto para voltar à comodidade de seus lares. Ele nos quer amigos fiéis, verdadeiros confidentes dos sonhos do seu coração para esse povo que nos foi entregue.

É preciso lembrar, ainda, ser *líder* não é ser *chefe*. De chefes o povo de Deus não precisa mesmo não. O chefe é como aquele antigo "feitor" que existia apenas para forçar os outros ao trabalho. O líder é aquele que mostra o caminho e aplaina o terreno para que os seus alcancem os objetivos.

O caminho da liderança na Igreja é uma entrega total e sem fim.

E que todos os nossos esforços sejam despendidos rumo a Sua doce Vontade!

Capítulo primeiro

MOISÉS

1. A época: mais ou menos 3.300 anos atrás.

2. O perfil de Moisés: muito embora a Bíblia assinale que Moisés tenha vivido 120 anos (Dt 34,7), os estudos antropológicos de nossos dias nos mostram que há 33 séculos a média de vida de um homem no deserto não costumava ultrapassar os 45 anos. Assim, chegamos a duas alternativas: ou o Senhor deu a Moisés uma longevidade sobrenatural, a fim de que conduzisse seu povo, ou ele viveu como uma pessoa normal, isto é, mais ou menos umas quatro décadas, e aí o sentido da idade a ele atribuída pelo Pentateuco, bem como a quantidade de tempo gasto na travessia do deserto, seriam puramente simbólicos[2]. Outro fator não deve ser esquecido: como príncipe e homem importante na Corte do Faraó[3], pode-se tranquilamente supor que Moisés fora, de fato, preparado para a liderança e mesmo para um relativo

---

[2] A maioria dos biblistas acredita que o profeta tinha algo em torno de trinta e dois anos de idade quando iniciou o êxodo.
[3] Êx 11,53 nos diz que ele era *"...um grande homem na terra do Egito, aos olhos dos servos do Faraó e aos olhos do povo"*. Em At 7,22 Lucas nos revela, ainda, que ele *"... foi instruído em toda a sabedoria dos egípcios"*.

poder, através dos extensos conhecimentos de administração acumulados pelos egípcios ao longo dos séculos de expansão de seu império. Por fim, como já havia percorrido o deserto anteriormente, por causa de sua fuga para Madiã, Moisés conhecia muitas das dificuldades enfrentadas pelo povo durante o êxodo, o que facilitou consideravelmente a resolução de alguns problemas.

3. O pensamento religioso dos hebreus àquela época: precisamos lembrar que os hebreus chegaram ao Egito na época do jovem José, bisneto de Abraão (Gn 46), e ali permaneceram por mais ou menos 400 anos, segundo a maioria das fontes. Uma vez que o grande patriarca não legara qualquer código religioso escrito a seus descendentes, com o tempo, inevitavelmente, a noção religiosa deste povo foi-se permeando pelos superestruturados e complexos conceitos egípcios e, por isso mesmo, por diversas vezes encontramos o povo em atitudes tipicamente pagãs[4].

I

A lua ainda desfrutava dos últimos momentos de seu reinado.

Como de costume, Moisés acordara ainda bem cedo e fora direto para o mar <1>[5]. As águas sempre o remeteram à lembrança do poder do Senhor. Ele simplesmente nos en-

---

[4] O episódio do bezerro de ouro (Êx 32) mostra, ao que tudo indica, nada mais, nada menos que um culto público ao "deus-touro" egípcio Ápis.
[5] Os números colocados entre < > são referentes às notas contidas no final dos capítulos.

volve, inevitável. Agora, confortavelmente recostado a um rochedo, apenas esperava que o sol nascesse. No oceano de tendas estendidas sobre a areia, nenhum barulho ainda, senão o choro de algumas crianças e a cantilena consoladora de suas mães aqui e acolá.

Há três dias estavam acampados mais ou menos à altura de Djebel Musa e já fazia algum tempo que ele, sob as ordens do Deus de Israel, havia reunido aquela imensa massa de *apirus* <2> aos pés de Avaris <3> e os lançara de uma vez por todas nas mãos de seu Senhor. É bem verdade que muitos permaneceram no Egito. Casados com mulheres egípcias, já possuíam filhos, terras e mesmo alguns outros bens <4>. Para estes fugir era arriscado demais, desnecessário. "Que o façam os que têm do que reclamar", foi o que responderam. Porém mesmo assim não se podia subestimar o número dos retirantes que agora penetravam aquele universo de sol e areia. Milhares de pessoas haviam respondido ao seu chamado, ao chamado do Senhor.

Não havia escapatória: aquelas almas errantes eram agora o seu povo, arrancado a duras penas das garras do Faraó depois de séculos de escravidão.

E como foi difícil tirá-los de lá! As marcas daquela discussão com o tio jamais iriam apagar-se de sua memória. Já fazia alguns anos, desde o intrincado episódio da fuga para Madiã, que Moisés e Ramsés não se viam e nem tinham notícias um do outro, e muito embora fosse possível que o grande monarca esperasse mesmo encontrar algum dia seu sobrinho, com quem até simpatizara no passado <5>, jamais poderia conceber que o irrequieto *Sethmsés* <6> emergiria do deserto sob a forma de um fanático religioso, cujas pretensões alçavam alturas tão elevadas quanto a formação de

17 |

toda uma Nação. Não, definitivamente não foi nem um pouco fácil enfrentar o Faraó, ter de desafiá-lo publicamente; também não foi simples invocar a cólera do Senhor sobre os campos e os filhos de tantos de seus antigos companheiros.

 Mas era necessário. O chamado, a voz do Altíssimo, era maior que tudo aquilo. Maior que o Nilo, maior que o Egito, maior mesmo que o ego e a ambição de Ramsés <7> e que os temores do coração de Moisés.

 Depois veio o Mar dos Juncos <8>. Foram quase dez horas de uma penosa e tensa travessia, sob os gritos ameaçadores da guarda egípcia e o barulho ensurdecedor de seus terríveis carros de guerra. Alquebrados já pelos longos dias de caminhada sem descanso, muitos cogitavam ruidosamente voltar dali mesmo: "melhor tentar conseguir o perdão dos egípcios que simplesmente jogarmo-nos ao mar, entregando nossos corpos às feras marinhas desconhecidas", diziam. Mas o Senhor Iaveh mostrou a todos seu poder e agora aquele milagre seria lembrado por todas as nossas gerações até o final dos tempos.

 Dali para a frente era só caminhar. Uma jornada inteira composta pelos passos de uma fé que insistia em sobreviver a tantos perigos.

 Com certeza nada seria brando no caminho para aquela terra prometida. Comida, água, sombra... tudo era extremamente complicado de se conseguir. E quanta murmuração.

 – Como reclama o teu povo, Senhor!

 Afinal de contas, o que eles esperavam? Que era só dizer adeus aos egípcios, transpor a primeira montanha, descer o vale e já estariam em casa? Será que não passa por suas mentes o fato de que cada local com água, pasto e comida, o suficiente para mais de dez pessoas e seus rebanhos, já tem dono neste mundo? Será que este povo crê que vai encontrar em Canaã casas já levantadas, com panelas de barro ao fogo e flores sorridentes espalhadas por seus jardins?

II

– Não dorme mesmo o guarda de Israel. Como consegue levantar sempre tão cedo?
Era Josué quem interrompia suas reflexões. Desde os primeiros desafios Moisés notara que este jovem merecia sua confiança. Assim, decidiu apostar. E, de fato, o rapaz estivera sempre pronto a tentar corresponder a tal confiança. Em tudo procurava ser fiel, às vezes com tanta sede que acabava cometendo alguns erros.
– Sente-se. Já se ergue o olhar do Onipotente sobre seu povo e toda a terra. Como os raios do sol que crescem sobre nós esta manhã, que as bênçãos do Senhor estejam com seus pequeninos no dia de hoje e para sempre.
– Que o Todo-Poderoso escute suas orações.
– Ele escuta, Josué. Para falar a verdade, uma das coisas que mais me têm surpreendido em nosso Deus é que Ele escuta! Os deuses dos povos pagãos são surdos aos gritos dos seus pobres devotos; o nosso Senhor jamais desvia os ouvidos de nossos clamores.
Josué, que acabara de encostar uma enorme concha ao ouvido esquerdo, não soube ao certo o que responder.
Silêncio. As mulheres começam seu movimento enquanto algumas crianças já arriscam brincadeiras quase sonâmbulas em meio às cinzas e brasas ainda espalhadas pelo acampamento.
– Hoje, devemos partir, Mose <9>. A água potável já se torna escassa.

– Diga aos chefes dos clãs que quero falar-lhes, vamos orientar nossa retirada. Mas antes peça que Aarão venha até mim.

Se Josué às vezes pecava por tentar servir sem estar devidamente preparado, Aarão, de quem se poderia esperar algum preparo, muitas vezes declinava em servir, e em grande parte do tempo acabava cedendo às insídias de Isabel, sua esposa, e da quase sempre inconveniente Maria <10>. Naquele exato momento mesmo ele ainda devia estar dormindo no aconchego das mantas de sua tenda. Mas, apesar de tudo isso, era, sem dúvida, um homem de Deus e o Senhor também o escolhera. Logo ele e seus filhos seriam os sacerdotes do Altíssimo em nosso meio. Isto já estava decidido, ainda que alguns anciãos não concordassem, porque os desígnios do Senhor são incompreensíveis aos olhos dos homens.

O barulho de alguns passos denuncia Misael, que se aproxima de Moisés quando Josué já se vai levantando. Seu semblante delata o início de trovoadas no horizonte.

– Uma criança do clã de Jamuel morreu esta noite. Os pais, inconformados, dizem que a culpa é sua e que se estivessem no Egito o menino não teria morrido, pois as cebolas e os melões o teriam alimentado. Outros, inclusive Coré, já unem suas vozes às reclamações. Acho melhor você vir comigo.

– Josué, diga a Aarão que venha juntar-se a Misael e a mim o mais rápido possível. Teremos um longo dia pela frente.

III

Que morressem os mais velhos durante a viagem, isso era relativamente mais fácil de se aceitar. Eles já não tinham muito tempo de vida mesmo, ainda que permanecessem no Egito. Mas quando partia alguma criança (e já várias delas haviam partido), essa dor era infinitamente mais profunda.

O peso na consciência ia aumentando cada vez mais à medida que se aproximavam das tendas da família de Jamuel. De longe era possível ouvir as lamúrias das mulheres, mescladas às vozes ameaçadoras dos homens que exigiam alguma ação. O pequeno corpo azulado permanecia inerte à entrada da tenda de seus pais. Uma anciã encurvada pronunciava antigas orações fúnebres enquanto a mãe e mais alguns parentes gemiam desconsolados ao seu redor. Gaad, irmão mais velho do menino, brandia os punhos em direção ao céu e Jamuel apenas fitava o vazio e repetia o nome de seu filho, tamanha a dor de sua perda.

Para Coré <11> no entanto, a fatalidade era somente o pretexto para mais um motim. Ele, na realidade, nem era daquele clã, mas tomara para si as dores como mais uma oportunidade para abalar os fundamentos da liderança de Moisés em meio ao povo. Suas palavras traziam fumos de ódio e desafio.

– Então foi para isso que viemos até aqui, para entregar nossas carnes às criaturas do deserto e nossos ossos aos vermes? Onde está o tal Deus agora?

As mulheres reduziram seu choro a alguns breves soluços.

– Pensam que meu coração também não se entristece? – perguntou Moisés. – Sei que é doloroso para todos vocês, mas não nos cabe pesar a vontade daquele que tudo sabe, que tudo vê. Querem prantear o menino, façam-no, é justo; mas não cometam o desatino de acusar o Senhor como se ele fosse um assassino.

– O Senhor, o Senhor, o Senhor! É muito fácil esconder-se sob o manto de um Deus que só você ouve, só você vê, *egípcio* <12>. Por que ele não fala a nós? Por que permanece oculto?

Josué, que acabara de chegar com Aarão, pôs-se estrategicamente ao lado de Coré, era impossível calcular até quando seu líder iria tolerar tudo aquilo.

– Então Ele não fala a vocês? E o maná, e as codornizes, e a coluna de fogo e fumaça que nos têm guiado há tantas luas? Por acaso Deus tem sido mouco a seus desvairados gemidos dia após dia? Ingratos, é o que são, raça de blasfemadores! – e, apontando para seu acusador: – Quanto a você, meu primo, é melhor calar a boca daqui por diante, pois não temerei em esquecer os laços que nos unem se continuar a praguejar desta maneira.

Coré fez menção de partir para cima de Moisés, mas sentiu as mãos fortes de Misael e de Josué sobre seus ombros.

– Você quer ser nosso Faraó, Mose, é isso. Quer que construamos pirâmides e esfinges em sua homenagem, que nos consumamos por você e por esse seu Deus obscuro. Você não é muito diferente de Ramsés!

Um soco inesperado interrompeu a torrente de injúrias que brotava da boca de Coré; era Isaar, seu pai, tio de Moisés e de Aarão:

– Cale-se, meu filho, ou serei obrigado eu mesmo a entregar seu espírito nas mãos do Senhor. Não vê que não é a Mose que ataca, mas ao próprio Onipotente? De onde vem essa loucura, homem?

O sangue de Moisés fervia em suas veias, seus olhos estavam prestes a saltar das órbitas e, aos poucos, como se viesse das profundezas de sua alma, um estranho formigamento tomava conta de suas mãos.

O povo, que até então acompanhara tudo em pasmo silêncio, começou a manifestar-se a favor da rebelião.
– Onde está Canaã?
– Até quando queimaremos debaixo desse sol?
– Quantos mais o Senhor fará perecer neste caminho maldito?
Animado pela adesão da massa, Coré esbravejou:
– Vamos, grande Faraó, responda às perguntas de seus súditos!
Sua aparência era a de um louco. Um fio de sangue, resultado do golpe do pai, escorria de seus lábios. Moisés procurou controlar-se e após alguns instantes respondeu:
– Isaar, pegue seu filho e leve-o de minha presença agora mesmo.
E, voltando-se para Josué:
– Doravante este insolente será vigiado dia e noite por um de seus homens <13>, cuide para que não haja falhas. O Senhor não irá tolerar mais motins.
Pronunciou essa última frase com mais força, a fim de que todos ao redor a pudessem ouvir.
Coré foi conduzido para o outro lado do acampamento aos gritos, enquanto a multidão, estupefata, começou a se dispersar<14>.

IV

– Ah, Séfora, como sinto falta de seu calor e do alarido de Gersan e Eliezer aos meus pés <15>.
Nessas horas Moisés chegava a se perguntar por que não lhe fora confiada somente a responsabilidade de uma famí-

lia, como a todos os homens comuns da face da terra. Por que devia consumir-se por um povo que o rejeitava?

Não demorou muito para que a notícia de sua discussão com Coré se espalhasse por todo o acampamento.

Agora o clã de Jamuel acabava de enterrar o pequeno Aser, enquanto as outras famílias dobravam suas tendas e se preparavam para mais deserto pela frente.

Não, ele não podia desistir. Aquele rio de murmuração e desânimo era, na realidade, o povo eleito, a menina dos olhos do único Deus vivo de todo o Universo. Em meio a blasfemadores como Coré estavam também grandes homens, verdadeiros heróis, como Josué, Misael, Hur e tantos outros. E havia ainda as crianças, seiva da esperança de todo povo. Na verdade esses é que seriam os verdadeiros herdeiros de Canaã. Em seus olhos Moisés podia perceber um sonho, talvez o mesmo que habitava suas próprias noites, o sonho de uma Nação confiada inteiramente aos cuidados do Senhor e de ninguém mais.

– Incontáveis como as estrelas do céu... <16> – murmurou lentamente.

E se aprouve ao dono de toda aquela obra confiar o cajado a ele, *Mose*, "o que brotara das águas", pois bem, não haveria de decepcionar seu Deus em nenhum momento, nem que isto lhe custasse o sangue, nem que isto lhe custasse a vida.

Uma trombeta soou ao longe, era Josué.

– Então era para isso que há tantos dias andava escolhendo conchas!

Aarão apareceu a alguns passos e fez um sinal com as mãos. Moisés se levantou.

– Vamos lá, Senhor! Agora, mais que nunca, é hora de caminhar...

NOTAS

1. A maioria dos historiadores contemporâneos concorda em afirmar que grande parte do caminho percorrido pelos hebreus durante o êxodo costeava o Grande Negro (Mar dos Juncos), o Grande Verde do Leste (Mar Vermelho) e, mais posteriormente, o Golfo de Ácaba.

2. Os orientalistas nos indicam que a palavra *hebreu* (em hebraico *ibri*) vem do termo *apiru* (ou *hapiru*), que significa "coberto de areia" ou, ainda, "poeirento", e que era aplicado pelos egípcios aos povos semi-nômades do deserto.

3. Avaris, cidade situada no Baixo Egito, próximo ao Grande Verde do Norte (atual Mar Mediterrâneo), teria sido um dos lugares onde Moisés morara e trabalhara como administrador de obras do Faraó (um cargo muito elevado e que o cumulara de grandes honras no reino) antes do episódio de sua fuga para o deserto. Muitos indícios nos levam a crer que foi esse também o local onde os hebreus, reunidos por Aarão e outros chefes de clãs, encontraram Moisés e iniciaram sua grande viagem.

4. Não é exagero afirmar que alguns hebreus não tenham aceitado apostar toda a sua vida e a de suas famílias em uma aventura tão perigosa ou por simples comodismo, ou por medo (algo até compreensível), ou, ainda, por apego ao pouco que conseguiram juntar e manter em terras egípcias. Também não é absurdo concluir que, após séculos vivendo no estrangeiro, alguns hebreus tenham, eventualmente, contraído núpcias com escravas ou semiescravas de outros povos dominados pelo Império e mesmo com mulheres egípcias de classes inferiores.

5. Os cálculos atuais nos possibilitam situar Moisés como filho adotivo (a adoção legal já existia no Antigo Egito) de uma das filhas

de Seti I, apontado como o mais importante faraó da 19ª dinastia, e que reinou de 1313 a 1292 a.C. Assim, o grande Ramsés II – filho de Seti – foi tio de Moisés e, portanto, o antagonista do profeta quando da partida dos hebreus.

MESSADIÉ (1998) estima, ainda, que a diferença de idade entre Ramsés e Moisés seria de, mais ou menos, treze anos. Muito embora o palácio fosse um verdadeiro enxame de príncipes e princesas (naquela época os faraós costumavam ter inúmeros filhos, pois a mortalidade infantil era incalculavelmente maior que hoje e definitivamente não seria aceitável o menor risco de deixar o trono sem sucessão), nada nos impede de imaginar que Moisés e Ramsés mantivessem relações, no mínimo, de cordialidade.

6. O nome de Moisés é alvo de estudos os mais diversos já há muito tempo. Em primeiro lugar causa espanto o fato de ser ele o único personagem bíblico com este nome. Uma das melhores explicações para isso é que o menino foi "batizado" não por sua mãe hebreia, mas, sim, pela filha do Faraó. Assim, *Moisés* é um nome egípcio, e não hebraico.

Outrossim, este substitutivo (*mês* ou *msés,* no original) era bastante corrente no Antigo Egito, sendo notado em nomes famosos como *Tutmés, Ahmés* e mesmo *Ramsés.*

Outra característica dos nomes próprios egípcios é a peculiaridade de sua composição. Como vimos nos exemplos há pouco citados, o substitutivo nunca aparece isolado, mas sempre precedido de uma outra partícula, que costuma indicar alguma ascendência, geralmente referente a algum deus (no caso, Ramsés faz referência ao "deus-sol" Rah; Tutmés, a Thot, e assim por diante), de maneira que os especialistas concluem que, sendo, para todos os efeitos, egípcio, nosso profeta também possuía um nome mais ou menos assim. Escolhi *Sethmsés* apenas ilustrativamente (imaginando uma possível homenagem ao "deus-patrono" de seu avô, Seth).

7. A lendária compunção de Ramsés por si mesmo e o esforço por ele despendido no intuito de espalhar a própria fama, fizeram desse faraó um dos maiores empreendedores da história do Egito, o que nos legou incomensuráveis tesouros arqueológicos como *Abu Simbel.*

8. Em termos bem simples, o *Mar dos Juncos* é uma espécie de extensão ao Norte do Mar Vermelho. Mais à frente ele vem a se derramar em forma de delta no Mar Mediterrâneo. Historicamente acredita-se que a passagem pelas águas aconteceu ali.

9. Já em meio ao seu verdadeiro povo, Moisés provavelmente optou por extrair o prefixo de seu nome (ver nota 6), pois este evocava a religião egípcia. *Mose* ou *Moschê,* assim sendo, seria uma variante hebraica para *msés.*

10. Maria, irmã de Moisés, por diversas vezes protagonizou acaloradas desavenças com o profeta. A Bíblia chega mesmo a falar de uma rebelião por parte dela e de Aarão (Nm 12,1).

11. O capítulo 16 do Livro dos Números nos mostra a rebelião de Coré e de mais duzentos e cinquenta e dois aliados seus, sugerindo que estes pretendiam tomar o lugar de Moisés na liderança do povo. Imaginei o caso – fictício – da morte do pequenino Aser, do clã de Jamuel, como um pano de fundo para uma discussão entre ambos. Coré nesse momento serve para nos revelar o teor de grande parte das reclamações que o povo constantemente fazia às costas de seu líder.

12. De fato precisamos entender que a maior parte daquele povo jamais havia sequer visto Moisés de perto. Egípcio em toda a sua educação, ele demorou bastante para dominar o hebraico da época (daí a importância do papel de Aarão como seu intérprete, o que, de certa forma, nos leva a abandonar a antiga tese de que o profeta era *gago* ou possuía alguma outra disfunção oral).

Outro ponto extremamente polêmico para todos na época: Moisés era casado com uma madianita, Séfora, a filha de Jetro. Seus filhos também eram naturais de Madiã. Ora, é de conhecimento geral a reserva do povo hebreu e de vários outros povos antigos em relação à miscigenação. Interessante notar que Nm 12,1 (ver nota 10) até nos apresenta como principal motivo da revolta de Maria o fato de seu irmão ser casado com uma estrangeira. De qualquer maneira, esse não foi um problema fácil de ser resolvido, e acredito que Moisés deve ter encarado acusações como a que tentei simular várias vezes durante os primeiros anos.

13. É improvável que uma multidão tamanha andasse através do deserto sem contar, pelo menos, com um corpo de guardas que garantisse a segurança dos rebanhos e estivesse alerta para combates como o que aconteceu contra os amalecitas (Êx 17).

14. O trágico paradeiro de Coré está narrado em Nm 16,32.

15. O capítulo 18 do livro do Êxodo narra a ocasião em que Jetro, sogro de Moisés, traz Séfora e as duas crianças até onde os hebreus estavam acampados. Acredita-se que esse encontro tenha acontecido nas cercanias da região de Asiongaber, lugar onde provavelmente residia o velho sacerdote (pagão, não esqueçamos) e onde, anos atrás, Moisés havia se refugiado e estabelecido.

16. A promessa feita a Abraão em Gn 22,17.

Amigos líderes da Renovação Carismática Católica do Brasil,

Que o Senhor volva Sua Face para vocês!

O que dizer a pessoas tão especiais? Antes de mais nada, uma das coisas que mais me afligiam durante a nossa dolorosa caminhada pelo deserto era o fato de que aquele povo parecia simplesmente dormente ao carinho e à ternura de nosso Deus. No início eu fiquei bastante irritado com isso e o desejo que mais habitava meu coração era o de os abandonar a todos ali mesmo, explicar a meu tio que tudo aquilo não passara de um enorme engano e voltar às incontáveis delícias humanas do Egito, lugar onde, para mim, já corriam o leite e o mel desde a mais tenra infância. Depois fui percebendo que as coisas não eram bem assim. Eu havia sido escolhido pelo próprio Iaweh para conduzir, tal qual Pai e Pastor, aquela gente de língua solta através de um mar de areia sem fim, e isso não era exatamente um peso sobre minhas costas, mas, sim, o meio que meu Senhor encontrara para me levar rumo à verdadeira felicidade. Eu pensava que estava guiando o povo para a terra prometida e, na realidade, era Deus quem me conduzia, a cada momento, para seus jardins de ouro.

Assim, amigos, peço que não esqueçam jamais: a Obra não é um jugo ao qual o Senhor nos submete, mas um dom que Ele nos dá! Olhando desse jeito tudo se transfigura, e começamos a entender que, mesmo em nossas "solidões de pastor" (gostei muito deste termo, que ouvi de um de seus pregadores), Ele vela por nossos sonhos e por nossa vida.

Outra descoberta me trouxe grande consolo naquele tempo: descobri que, ainda que muitos estejam contra nós e nos critiquem constantemente, se procurarmos direitinho, sempre haverá irmãos em quem confiar. Este conceito de vida em comunidade é uma das maiores riquezas que possuímos. Na verdade, quando eu estava bem triste ou quando as nuvens da dúvida encobriam o sol de meus dias, transformando tudo em sombras e escuridão, e me sentia aflito por algum motivo, a simples lembrança da existência de irmãos como Hur, Aarão e Josué já me deixavam mais tranquilo e confiante. Procurem irmãos assim, cuidem dessa amizade, cultivem o amor fraterno e, posso lhes garantir, as coisas serão bem mais fáceis em sua coordenação.

Finalmente, uma certeza: consumir-se por nosso Deus, mais que qualquer coisa nesta vida, vale a pena! O céu é logo se a cada dia permanecemos em Sua presença. Fisicamente aquele deserto, pouco a pouco, acabou comigo; mas a cada passo, a cada montanha, a cada vale que transpúnhamos... à medida que todas as minhas forças se esvaíam de meu corpo, meu espírito se aproximava cada vez mais daquela voz que eu um dia ouvira tão claramente no Horeb. Se compreendemos esse mistério que nos faz verdadeiramente *um* com Aquele que nos ama desde o princípio do Universo, se percebemos a imensa graça que é gastar todo o nosso tempo, a nossa vida, aos pés de nosso Senhor, então seremos como aquela sarça: simplesmente arderemos... para sempre.

Espero vê-los em breve.

Mose

Capítulo segundo

IN VERBO TUO LAXABO RETE

I

Às vezes fico tentando imaginar como foi, em cada detalhe, a primeira vez em que Jesus e aquele pescador teimoso se encontraram.

Já sei que André chegou todo animado, cansado, esbaforido mesmo, soltando a cada fôlego uma palavra totalmente desconexa da anterior:
– Simão... no Jordão... um pombo... um profeta... João disse... o Messias... o Cordeiro...
Calculo também a reação do irmão mais velho:
– E agora mais essa! Bom de trabalhar, isso sim, ao invés de ficar por aí seguindo esses curandeiros. Ora, Cordeiro! Pega essa rede aí pra mim.

Mas isso, na realidade, não deve ter sido nada, se comparado à cena que viria logo a seguir: um carpinteiro, vindo de Nazaré ainda mais, ensinando Simão, o "rei da cocada preta do Mar da Galileia, a pescar.
– Jogue a rede para aquele lado.

Não tenho dificuldades em imaginar que uma resposta mal-criada quase aflorou aos lábios do pescador. Mas na mesma hora uma outra certeza, divina, sem dúvidas, banhou de um lado a outro seu coração. Não era um homem quem falara com ele, aquele Nazareno era Deus!

– Senhor, eu passei a noite inteirinha dentro deste barco remando pra lá e pra cá. Peguei algas, pedras, lama, tudo, menos peixes. Entretanto... *in verbo tuo laxabo rete.*

Se traduzirmos ao pé da letra encontraremos algo como *"confiando em tua palavra lançarei a rede"*. Mas é claro que Pedro não falou em latim (muito embora fosse esse o idioma oficial do Império Romano, os povos conquistados geralmente continuavam falando sua língua materna no dia a dia) e nem mesmo em latim foi escrito originalmente o Evangelho de Lucas, no qual esta cena encontra-se narrada. Apenas escolhi partir desta frase rumo à nossa reflexão porque percebo que uma pessoa só conseguirá levar adiante a Obra que o Senhor confia em suas mãos se assumir a postura de Simão, isto é, se tiver intrepidez o suficiente para lançar-se *tendo como garantia unicamente a palavra de Jesus.*

Melhor mesmo seria dizer *a palavra que é Jesus*, ou *VERBO*, não é o mesmo termo utilizado por João, logo no início de seu Evangelho, para se referir ao próprio Filho de Deus?

Posso declarar tranquilamente que se eu fosse Deus jamais escolheria João Valter para coordenar sequer uma patrulha de escoteiros. Mas se Ele, que é o dono do mar e o responsável pela pesca, manda que a rede seja lançada assim, como posso eu, "eusinho" mesmo, duvidar de sua palavra?

"In verbo tuo laxabo rete, e agora Tu, que és o Deus dessa história toda, por misericórdia faça com que dê tudo certo, se essa for Tua vontade."

Aí começo a me lembrar que, para Simão, a vida nunca mais foi a mesma depois daquele dia.

Jesus não é surdo; as palavras de Pedro também tocaram o coração do Mestre. Nosso amigo pensava que esse negócio de rede era só para pegar os outros, mas, na verdade, o primeiro homem pescado naquela manhã foi ele mesmo! Jesus nos pescou. Ele tomou a rede, lançou para o lado que o Espírito o conduzia, e aí surgimos nós, como que do nada. Todas as vezes que vejo um coordenador reclamando da missão que Deus lhe propõe fico pensando como seria se um peixe virasse para um pescador e perguntasse:

– Por que eu? Por que não aquele tambaqui ali, que tem as barbatanas mais crescidinhas? E o que me diz do tubarão, tão mais ágil do que eu? Pega o salmão, ele é nobre!

Pedro sabia que a escolha Jesus já havia feito (ele não era o único pescador que havia por ali), mas tinha conhecimento também de que uma resposta era necessária. E lá vai ele lançar-se ao largo. Enquanto todo mundo está voltando para a praia, só o barquinho do velho Simão vai em direção ao mar.

– Esqueceu alguma coisa? – pode ter perguntado algum colega, em tom de galhofa. E mal sabia que era exatamente isso o que acontecera: Simão havia esquecido algo naquele mar, algo que desde sempre fizera falta, mas que ele nunca havia percebido, não até sentir o olhar de Jesus sobre si.

– Afasta-te de mim, Senhor, pois sou pecador.

O barco estava cheio, os demais pescadores olhavam admirados as redes de Simão, que se partiam com o peso de tantos e tantos peixes. Mas ele sabia muito bem que aquilo não era coisa sua, não podia ser. E aí vejo que existe um outro perigo para nossos líderes, algo oposto ao problema do peixe que não aceita ser pescado, o perigo de achar que as coisas deram certo somente por sua causa. Como se Pedro dissesse.

– É, eu estava deixando para jogar as redes ali mais tarde, mas eu sabia que os cardumes haviam ido para lá. Lembra, André, que eu tinha dito? Ali, olha, perto daquela rocha; é lá que eles gostam de ficar nas noites mais frias.

De qualquer maneira, o velho Simão acertou em tudo, tudinho mesmo. E mal sabia ele que aquela manhã, na beira daquele "mar" que nem era mar mesmo (o Mar da Galileia é, na verdade, o Lago de Genesaré) e dentro daquele barquinho que talvez até já estivesse precisando urgentemente de algumas reformas, mal sabia Simão que naquela manhã, sob o olhar admirado de André e de seus (agora antigos) companheiros de profissão, o seu sim mudaria o rumo não somente de sua própria vida, mas de toda a nossa história, para sempre.

II

Aquela ceia estava longe de ser feliz como deveria. A mesa posta solenemente; o ar gelado que vinha da janela central da ampla, porém rústica, sala no andar superior; as chamas bruxuleantes que iluminavam apenas parcialmente seus rostos, seus olhares; o tom dolorido da voz do Mestre e, mais ainda, a lembrança sentida de suas palavras naquela mesma tarde; tudo isso gerava certo clima de incerteza e medo no coração de cada um daqueles amigos que estavam ali reunidos.

E nós já sabemos como tudo aconteceu: ele tomou o pão e o vinho... e já não eram pão e vinho, mas a verdadeira salvação de toda a humanidade e a única resposta concebível à nossa inexplicável sede de infinito.

Aquilo tudo era grande demais para caber no coração do pobre Simão.
– Como queres lavar-me os pés? O que pensas que estás fazendo?
– Se queres estar comigo, confia mais uma vez.
– Senhor, eu quero estar sempre contigo. Para onde quer que vás, estarás riscando o traçado de minha estrada também.
– Para onde vou não me poderás seguir. Não agora, mas depois[6].

E ele calou-se novamente, mais uma vez a saída era esperar naquela palavra, apenas esperar.

III

Um pouco depois, em uma madrugada fria e sem lua, encontramos Pedro de volta a sua antiga vida de pescador. Claro que nada mais seria o mesmo. As pessoas ainda vinham, inevitavelmente, comentar um milagre, relembrar um episódio, perguntar por coisas que jamais seriam esquecidas; e não podemos pensar que era fácil para Simão admitir em seu coração que tudo não passara de um sonho, uma aventura qualquer. O eco profundo da voz de Jesus insistia em ressoar a cada instante em seu pensamento:

– *... pescador de homens...*
– *... sobre ti edificarei minha Igreja...*
– *... as portas do inferno jamais prevalecerão...*

Mas não era exatamente o contrário que estava acontecendo? Não estava voltando ele a pescar peixes nas mesmas águas

---
[6] Cf. Jo 13,36.

de outrora? E aquela culpa terrível que não o deixava dormir há semanas não seria o próprio inferno prevalecendo sobre as palavras de ternura e paz que ouvira da boca do Mestre?

Ao trabalho!

André andara meio calado ultimamente, todos andavam. Outro dia encontrara-se com Mateus no mercado de peixes; ele não voltaria ao seu antigo emprego, estava pensando ainda no que fazer dali em diante.

Homens no barco, redes ao mar. O barulho das ondas fazia lembrar aquele dia em que Jesus viera ao seu encontro andando sobre as águas.

– Ah, meu amigo, como eu queria ver-te de novo caminhando sobre as vagas desta tempestade, abrindo os teus braços em minha direção e me chamando para junto de teu peito! O que eu não daria por mais uma chance de ter contigo, apenas para te provar que o verdadeiro Simão não é aquele que negou te conhecer nos pátios de Jerusalém!

E não foi coincidência o fato de que não conseguiram pegar nenhum peixe naquela madrugada também. Jesus, em seus cuidados de eterno apaixonado, planejara tudo para que Pedro sentisse que *existe um tempo para cada coisa*. Era como se fosse novamente o primeiro dia: novamente os barcos vieram às margens sem peixes; e novamente um carpinteiro ensinou um velho lobo do mar a pescar... os amigos finalmente se encontravam.

... procuro abrigo nos corações...

Já há alguns minutos caminhavam em silêncio um ao lado do outro. Jesus parou por um instante, abaixou-se e pôs-se a fazer desenhos na areia molhada, como gostava de fazer antes das conversas mais profundas. Que mistérios brotavam de seus dedos em momentos como aquele?

Levantou os olhos:

– Pedro, tu me amas mais do que estes? Não fora aquilo mesmo que ele pedira ainda esta madrugada ao adentrar em seu batel para pescar: uma chance para declarar seu amor?

– Sim, Senhor, eu te amo. <1>

Repetem-se as palavras, não uma, mas duas vezes ainda. Não que Jesus desconfiasse do amor de Pedro, pelo contrário: o Mestre quer confirmar a liderança de seu amigo sobre seu povo, sobre sua Igreja. E como é maravilhoso contemplar todo o carinho que tem por seu escolhido. Três vezes Pedro havia negado, três vezes Jesus o faz afirmar seu amor. Apascenta as minhas ovelhas.

Mas as coisas não param por aí. Jesus profetiza:

Em verdade, em verdade <2> eu te digo, quando eras jovem, cingias teus rins e ias para onde querias, mas quando fores velho virá um outro e te cingirá e te levará para onde não queres.

Acabou-se o tempo em que o velho pescador agia movido por seus próprios impulsos, era a hora de o homem novo despertar, o homem cujos rins são cingidos pelo Espírito Santo, o homem que não faz a sua própria vontade, que não guia seu povo de acordo com seus pensamentos, mas que arrisca tudo, que aposta todas as fichas no poder e na unção derramados por seu Senhor. Simão, o velho pescador de peixes, nunca mais voltaria daquele passeio: com Jesus retornava Pedro, o pescador de homens.

– Lembra, Pedro? Na noite de nossa ceia eu te disse que não poderias ainda me seguir. Agora sim, *segue-me!*[7]

---

[7] Cf. Jo 21,19.

NOTAS

1. Algumas traduções da Bíblia mostram nesta passagem – Jo 21,15-17 – uma enorme diferença de sentido entre o amor perguntado por Jesus (agapas) e o amor respondido por Pedro (filw), atribuindo a este último mais o sentido de ser amigo que propriamente o de amar. De fato uma tradução ao pé da letra do trecho nos levaria a esta conclusão. Contudo um estudo mais aprofundado da passagem, levando em consideração não apenas a questão da língua (afinal de contas, o diálogo em si não ocorreu em grego mesmo) mostra que, embora esta explicação seja muito bonita e até mesmo poética, tal interpretação parece não possuir muito fundamento.

Afirmo isso baseado nos estudos de quatro célebres especialistas em exegese, Taylor, Niccaci (que assinala que, neste caso, a troca de verbos entre "amar" e "querer bem" não envolve diferença no significado), Frei Eduardo Albers (com quem conversei pessoalmente a respeito) e, especialmente, o renomado estudioso Schnackenburg, que afirma, após elencar contundentes argumentos, que querer descobrir uma diferença entre as perguntas de Jesus nesta passagem seria forçar algo extremamente artificial. Uma indicação de leitura para aqueles que quiserem se aprofundar um pouco mais no assunto:

TAYLOR, W. C. Dicionário do Novo Testamento grego. Rio de Janeiro: JUERP, 1983.

NICCACI, A. – BATTAGLIA, O.: O evangelho da verdade (o evangelho hoje V). Petrópolis: Vozes, 1980, p. 222 (comentário a Jo 21,15).

SCHNACKENBURG, R. Das Johannesevangelium 3. Teil (Herders theologischer Kommentar zum Neuen Testament, Band IV) Freiburg – Basel – Wien: Herder 1979.

2. Essa fórmula "...em verdade, em verdade eu te digo..." é uma adaptação a nossa língua portuguesa de uma espécie de preâmbulo que Jesus utilizava para sentenças mais profundas e densas (o mesmo encontramos em passagens como Jo 10,1 ou, ainda, Jo 3,5). Porém, segundo me informou Frei Eduardo Albers, o termo exato empregado por Jesus nesses momentos teria sido nada mais, nada menos que *Amém*. Isso tem um sentido simbólico extraordinário: Jesus é o único em toda a Bíblia que profere a palavra *Amém* antes de proclamar a profecia, o que significa que aquilo que será dito, na realidade, já está consumado no Coração do Pai.

Amigos líderes da Renovação Carismática Católica do Brasil,

A Graça e a Paz!

Ainda me lembro da primeira vez em que meu pai permitiu que eu o acompanhasse a uma pescaria em alto mar. Eu tinha mais ou menos uns nove anos de idade e, obviamente, já pescara muitas outras vezes com meus amigos, filhos dos outros pescadores; mas nunca havíamos ousado ir a profundidades que excedessem a altura de nossos ombros. Recordo ainda o semblante preocupado de minha mãe ao me ver todo animado juntando pelos cantos da casa os apetrechos de pescaria que utilizaríamos naquela madrugada e quase posso ouvir novamente o choro incontido de André, ainda pequenininho, insistindo em nos acompanhar.

Os meninos da vila, acenando lá da praia, iam ficando para trás à medida que meu pai e seus amigos remavam vigorosamente rumo ao infinito. E eu, absorto pela ideia de que agora era mesmo um adulto, imaginava que quando voltasse para casa, ainda àquela tarde, minha vida jamais seria a mesma, pois todos iriam querer saber como foi lá no vasto mar azul, todos pediriam para eu mostrar o jeito profissional de jogar as redes, e eu contaria a eles a grande aventura de minha vida.

Não sei se vocês já tiveram a oportunidade de estar em alto mar, lá de onde já nem se pode mais ver a terra firme: a água vai ficando cada vez mais escura e logo temos a angustiante impressão de que a qualquer momento ela vai saltar dentro do barco e nos agarrar. A vibração dos primeiros momentos foi se transformando em algo diferente, sufocante, como se mil mãos apertassem minha garganta até eu não mais conseguir respirar.

– Pai, quero voltar.

O velho Isaac, companheiro de pesca de meu pai já há vários anos, soltou uma estrondosa gargalhada e senti os olhos pesados do experiente Jonas sobre mim. Meu pai não era um homem de muitas palavras (herdei isso dele, pelo menos até aquele dia em que recebemos o Consolador), ele colocou uma mão pesada sobre meu ombro e disse:

– Apenas pense nos peixes!

Naquele dia aprendi uma das mais valiosas lições de minha vida: os grandes perigos são a verdadeira nascente das grandes vitórias.

Mais tarde, quando vi o Senhor caminhando sobre aquelas mesmas águas onde, anos atrás, eu saíra para pescar pela primeira vez com meu pai, eu, assim como todos os que estavam naquele barquinho, também senti muito temor; mas coloquei o pé para fora e pisei naquela água gelada simplesmente pensando no calor do abraço que me esperava alguns metros à frente.

Queridos irmãos, eu sei que às vezes vocês têm medo... qualquer um teria, diante de uma Obra tão imensa quanto a

RCC e sua missão. Mas gostaria de dizer que o segredo para vencer nossos medos é manter o coração fixo na verdadeira razão pela qual estamos aqui. Não percam a coragem por causa do mar revolto e escuro, apenas pensem nos peixes, apenas desejem Seu abraço.

Afinal de contas ninguém jamais lhes disse que seria fácil coordenar um grupo, um ministério, uma Secretaria, disse? É mesmo uma batalha, mas uma batalha na qual a vitória já nos foi liberada, e isso basta para aquietar nossas almas.

O povo precisa de seu testemunho, por isso *"velem pelo rebanho de Deus que lhes é confiado, tenham cuidado dele, não por obrigação, mas espontaneamente; não por interesse naquilo que poderão ganhar, mas com dedicação apaixonada; não como dominadores absolutos, mas como modelos de seu rebanho."*[8]

Portanto, coragem, *deixem que o Espírito Santo cinja seus rins*[9] e vão à luta.

Eu estarei aguardando no portão e, acreditem, será muito bom abri-lo a vocês. Até lá!

Petrus

---

[8] Citação livre de 1Pd 5,2s.
[9] Cf. 1Pd 1,13.

SEGUNDA PARTE

Capítulo terceiro

UMA QUESTÃO DE POSTURA

Como você se comporta normalmente?

Não há como evitar, os líderes são sempre ponto de referência para seu povo. Cada movimento, cada palavra, a maneira de reagir a cada situação... tudo isso é constantemente observado (e, mais sério ainda, avaliado) por nossas ovelhas.

Isso pode, a princípio, parecer mais um peso em nossas costas, mas não é bem este o ponto de vista que devemos assumir. Se estivermos sendo mesmo espelho para os nossos, então eis aqui mais uma oportunidade de ouro para evangelizar e, mesmo, reeducar os que nos foram confiados pelo Senhor.

Vamos a alguns pontos práticos.

1. Relacionamento

Segundo Smith (1997)[10] teoricamente há três maneiras de se relacionar com os outros:
- Agressivamente
- Não assertivamente
- Assertivamente

1.1 A pessoa agressiva...

– Expressa suas opiniões como se fossem fatos consumados (dono da verdade).
– Utiliza-se de perguntas para jogar indiretas em outras pessoas.
– Ameaça, ainda que sem perceber.
– Procura a culpa primeiramente nos outros.
– Utiliza mais o sarcasmo (humor negro) e a ironia que a misericórdia.
– Suas observações visam mais derrubar a ideia dos outros que contribuir sinceramente.

As pessoas assim costumam ser extremamente amargas e precisam muito de cura interior. Por incrível que pareça, muitas vezes chegam a ser coordenadores, pois o povo insiste ainda em confundir *competência* com *agressividade*.

---

[10] Steve SMITH. *Seja o melhor*, p. 81.

Interessante notar que, quando vão fazer palestras e pregações, acabam (na maioria das vezes inconscientemente) aproveitando a ocasião para passar lição de moral nas pessoas. Duas situações muito comuns podem ilustrar a presença de pessoas agressivas em nosso meio.

a) Não poucas vezes escutamos entre os irmãos do Grupo de oração "Fulano de Tal daria um ótimo coordenador, as coisas com ele seriam muito diferentes. Você viu aquele 'carão' que ele passou na gente na pregação de ontem?". Uma das muitas conclusões: *Nosso povo frequentemente confunde **unção e competência** com **mau humor**,* um prato cheio para as pessoas agressivas.

b) Durante os Encontros Diocesanos da Davi nos quais vou pregar, costumo separar um momento para perguntas e respostas. Certa vez chegou-me às mãos uma pergunta mais ou menos assim. "João Valter, e se a pessoa que toca violão tiver quatorze anos de idade e estiver namorando uma menina de vinte? E se ela não for da RCC? E se a mãe dele não concordar? E se ele às vezes tocar músicas românticas para ela usando o violão do Grupo?". Quando eu terminei de ler, o rapaz que estava atrás de mim, no ministério de música, disse ao meu ouvido: "Esta pergunta está falando de mim, e aposto que quem a fez foi minha ex-namorada, que não se conforma em termos terminado nosso namoro".

As pessoas agressivas comumente são muito infelizes e acabam canalizando essa infelicidade para os outros. Devemos mesmo rezar por elas e ajudá-las em seu caminho de aperfeiçoamento pessoal.

1.2. A pessoa não assertiva...

– Fala só por falar, sem ter nada a expressar na verdade.
– Usa excessivamente palavras vagas como "talvez", "pode ser", "não sei"...
– Desculpa-se e pede licença *demais* (todo exagero é prejudicial).
– Está sempre criticando a si mesma.
– Evita olhar nos olhos dos irmãos.

Poderíamos dizer que a pessoa não assertiva é *morna* e tenta disfarçar sua mornidão participando de maneira pouco ou nada decisiva das coisas. O grande problema aqui está na *mediocridade* do seu jeito de ser, que não somente revela um complexo de inferioridade doloroso, como também acaba "amarrando" o andamento do grupo de oração.

Certa vez eu estava em um grupo onde a pessoa que estava conduzindo o louvor explicou ao povo "vamos todos dançar, só eu que vou ficar parado porque eu não sei dançar. Agora vamos fechar os olhos, só eu que vou ficar de olhos abertos para ver se vocês estão de olhos fechados mesmo". Quase vi a hora de o irmão dizer "vamos todos para o céu, só eu que vou ficar por aqui, porque tenho medo de altura".

Percebemos, ainda, que a não assertividade acaba por nos fazer girar, girar e não sair do lugar. Não temo mesmo em afirmar que aquelas nossas reuniões sem fim (tão características da RCC em alguns lugares) são, em sua maioria, resultado da não assertividade de grande parte de nossas lideranças.

1.3. A pessoa assertiva...

– Faz afirmações claras, breves e diretas.
– Sabe perceber a diferença entre um fato e uma opinião (seja sua ou de outra pessoa).
– Faz criticas com intenção de aperfeiçoamento da ideia em questão, sempre evitando pôr culpa em alguém.
– Está aberta às opiniões, contribuições e desejos dos outros, mesmo que sejam diferentes dos seus.
– Jamais expõe somente o problema, mas procura sempre mostrar pistas e sugestões para a sua resolução.
– Ouve o que o outro está falando.
– Olha nos olhos do irmão.
– Não demonstra impaciência ao conversar, mesmo que esteja apressada.

É muito bom trabalhar ao lado de pessoas assertivas.

Veja que ser assertivo não é simplesmente ser bonzinho ou nunca dizer não. Pelo contrário: é ser direto e objetivo. Se você está atrasado, não fique olhando para o relógio, esperando que seu interlocutor perceba. Basta dizer "amigo, você me desculpe, mas agora estou atrasado e não posso conversar com calma. Vamos marcar um outro momento?"

Outra coisa, a pessoa assertiva procura aproveitar o tempo que Deus lhe dá da melhor maneira possível. Evite deixar muita coisa "para depois" ou "para mais tarde". Evite também aquilo de "depois eu passo lá para a gente conversar" ou "na próxima semana eu te telefono". A maioria das pessoas que vivem dizendo isso nunca "passam lá" ou telefonam. Isso acaba gerando uma pequena frustração, que tende a crescer e se transforma em um constante sentimento de não realização.

***

Agora proponho que façamos uma avaliação séria de nossa postura quanto a nossos relacionamentos. Dando novamente uma olhada nas características dos agressivos, dos não assertivos e dos assertivos, pergunte-se: "Em qual desses grupos estou enquadrado?"

Isso nos fará não somente melhores lideres, mas melhores ovelhas também.

2. O bom líder em ação

Trabalhar nossos relacionamentos é um passo importantíssimo se quisermos assumir de verdade aquilo para o que nosso Senhor nos chama e nos prepara. Mas é preciso percebermos que liderar não é somente relacionar-se bem com as pessoas. O bom líder é também aquele que:

a) Proporciona uma boa interação entre suas ovelhas.
b) Obtém resultados.

Claro que não tenho fórmulas mágicas escondidas sob as mangas, mas tenho percebido alguns pontos que, sem dúvida, merecem a reflexão de todos os nossos líderes...

2.1. Organizar o tempo: uma prioridade

O bom líder não é simplesmente aquele que tem muito tempo para doar ao Senhor e à sua Obra, mas, sim, aquele que sabe administrar seu tempo da melhor maneira possível.

Seja objetivo quanto a seu tempo. Se você é uma pessoa inteiramente consagrada a Deus e as vinte e quatro horas do seu dia estão todas à disposição de sua missão, amém. Isso é muito bom e é uma grande graça de Deus. Mas a maioria de nossos líderes não vive bem assim. Muitos de nós têm de dividir seu tempo entre o trabalho, os estudos, a família e a RCC.

"Agora (...) devemos atentar para o fato de que somos um movimento de perfil leigo, composto por pessoas que têm famílias ou que se preparam para tê-las. Somos pessoas que trabalham, estudam, labutam com a vida. Em regra, não somos missionários de tempo integral. Poucos, entre nós, têm a graça de dedicar-se inteiramente ao serviço da evangelização. Isto nos leva à necessidade de usar com muita sabedoria o precioso tempo que a vida nos permite dar ao Reino. Devemos aprender, como o Apóstolo, a usar ciosamente o tempo, para realizar uma evangelização eficaz."[11]

---

[11] RENOVAÇÃO CARISMÁTICA CATÓLICA, Plano de Ação 2002, p. 8.

É bom mesmo fazer uma escala de prioridades diárias e ir, passo a passo, superando cada uma. Algumas empresas têm um quadro acrílico na parede com as tarefas para cada dia. Cada tarefa executada é marcada no quadro, o que possibilita a todos uma constante avaliação da produtividade do dia. Eu, particularmente, costumo fazer isso às vezes. Faço uma planilha por ordem de importância e vou derrubando uma a uma as missões. Mas isso não quer dizer deixar tudo para fazer depois, pelo contrário, sou francamente adepto do *"faça agora"*. Às vezes acontece de ter na lista uma atividade que vai me tomar meia hora, mas só disponho de dez minutos no momento. O que faço, então? Procuro um outro item que só precisar de dez minutos e resolvo logo isso. Tentar fazer em dez minutos algo que precisaria de meia hora seria arriscar a fazê-lo malfeito e, no final das contas, nem fazer. Então teria gastado meus preciosos dez minutos em praticamente nada e ainda acumularia mais um fracasso no dia. Tratar o tempo objetivamente é primar pela organização, só isso. Mais cedo ou mais tarde todos precisaremos tomar esta decisão, acredite.

Por fim posso dizer que esta organização é possível. Mesmo com tanta coisa a fazer, não são poucas as tardes (em dias úteis!) que tiro para passear com minha família, ou mesmo manhãs em que me permito dormir até mais tarde.

Ainda: por favor, paremos de reclamar aos quatro ventos que "não temos tempo para nada", isso só irrita as pessoas que nos rodeiam, nada mais.

---

[12] Cf. Lc 14,28-30.

2.2. Capacidade de realização – não ter medo de errar

Muitos de nós passamos a vida inteira a criticar nossos coordenadores e, quando finalmente somos convidados a assumir alguma liderança, não aceitamos ou não conseguimos fazer nada. A pessoa cheia de ideias e sem nenhuma disposição para trabalhar, desculpe a sinceridade, não passa de uma chata.

Lembremos de Moisés. O líder tem uma visão, ainda que não totalmente clara, do rumo que o Senhor tem para seu povo. Só falar que os outros têm de ir por aqui ou por ali não adianta nada. É preciso pôr o pé na estrada antes mesmo das ovelhas. O pastor é aquele que vai limpando o terreno, abrindo as sendas para que suas ovelhas passem mais tranquilamente.

Não vou mentir, isso é arriscado. Mas a Obra é para os ousados (Jesus foi mais assertivo, Ele disse *"violentos"*[13]). Ideias e projetos são muito importantes, mas não somente em nossas cabeças, e, sim, funcionando concretamente. Já ouvi um grande administrador declarar sem mais rodeios: *"Dou nota 1 para a pessoa que tem dez boas ideias e nota 10 para a pessoa que tem uma boa ideia e a faz acontecer"*. Esse é o espírito. Tento imaginar nosso amigo Santos Dumont entrando na sala de algum barão parisiense com um monte de desenhos debaixo do braço e tentando convencer seu possível patrocinador de que aquele "troção" enorme iria em breve voar sobre os jardins de Paris. Ele teria alcan-

---

[13] Cf. Mt 11,12.

çado algo dessa maneira? Eu penso que não. O nosso inventor jamais teria feito nada se não tivesse buscado dentro de si a coragem para tentar e até mesmo arriscar a vida voando naquela estranha engenhoca!

É isso: o líder tenta, tenta e não cansa de tentar. O resultado é sempre a consequência de uma tentativa (quase nunca a primeira). Jesus também faz assim: "... procuro abrigo nos corações, de porta em porta desejo entrar, se alguém me acolhe com gratidão..."[14]

Decorrência de tantas tentativas também serão os erros. O bom líder acaba errando muito também. E não precisamos ter medo disso. Só não erra quem não faz nada e não fazer nada pode ser o maior de nossos erros. Não há como fugir, o jeito é mergulhar!

Nisso nós, cristãos, temos uma grande vantagem – a cultura do perdão. É bem simples: quem não tem medo de pedir perdão, não tem medo de errar. Demorei um pouco a descobrir isso, mas agora faz toda a diferença.

Aquela velha história "que nosso medo de errar jamais ofusque nossa sede de acertar". Já sei, já sei – parece frase de para-choque de caminhão, mas vale a pena lembrar!

2.3. Humildade

Grande parte de nossos coordenadores, pregadores, músicos etc. já não consegue simplesmente ir participar de um Encontro. Participar mesmo, pagar inscri-

---

[14] Cf. Ap 3,20.

ção, sentar lá no meio do povo, abrir o coração e deixar Deus agir.

É bem triste constatar que alguns dos nossos, de fato, só vão a eventos onde estão coordenando, ou pregando, ou cantando etc. Outros até que participam de uns encontros aqui e acolá, mas como olheiros, constantemente avaliando quem está no palco, como reza, como prega, como faz aquilo e aquilo outro. Tal forma de orgulho, tenho notado, tem levado vários de nossos irmãos mais destacados à solidão e mesmo à depressão.

Não reconheço um futuro líder quando o vejo dando ordens e orientações, mas, sim, quando o vejo obedecendo! E o grupo de oração, dentre milhares de outras graças, é uma oficina excelente para isso.

No final das contas, coisas como coordenações, secretariados etc. têm prazo de duração. E depois, o que fica? O grupo de oração, a paróquia, que são as nossas verdadeiras raízes. Se não temos isso no coração, acabamos agindo como aqueles líderes que tentam, em vão, perpetuar-se em seus cargos. Eles não fazem isso por mal. É como uma autodefesa, uma salvaguarda. Como quando desejamos que o ônibus nunca chegue à parada final, pois não temos abrigo para onde ir. Uma tristeza à qual não precisamos nos submeter, uma vez que temos a solução ao alcance de nossas mãos.

2.4. Delegar tarefas: o trabalho de equipe é um dos grandes segredos da liderança

Ao contrário do que possamos pensar, capacidade de realização não é hiperatividade.

Conheço coordenadores que simplesmente não conseguem confiar no seu povo. Até parece que as coisas só vão funcionar com sua presença lá, em cima de tudo.

Outro dia estava conversando com um irmão que tem uma grande responsabilidade na RCC de seu Estado durante o intervalo de um retiro em que ele era o pregador oficial. De repente ele me disse:

— João, dá licença um momentinho que eu preciso ver se a cozinheira colocou sal direitinho no feijão.

Fiquei parado por alguns segundos apenas pensando:

— E se ela tiver salgado demais, o que ele vai fazer?

Aos poucos vai-se aprendendo que nem tudo precisa estar sob seu controle.

À medida que se vai delegando autoridade aos que caminham a seu lado, é percebido que se favorece o aparecimento de novos líderes para o povo de Deus e, algo muito bom, acaba-se tirando tudo o que é sobrecarga de seus ombros.

Também em minha vida profissional experimentei isso. Sendo Regente Titular do Coral da Catedral de Nossa Senhora das Dores, que é responsável pela música nas maiores solenidades da Arquidiocese de Teresina, fui responsável pela condução de cerca de cinquenta coralistas, que têm de cantar juntos, muito embora muitas das vezes sigam sucessões melódicas diferentes (canto a vozes separadas). No entanto, contei com a ajuda de um Regente Auxiliar, que é crucial para que as coisas andem a contento. Ele faz a seleção das vozes, o aquecimento vocal, a primeira leitura das partituras e coisas espinhosas assim. Eu cuidava dos detalhes, da identidade do Coral, da sutileza das execuções, da interpretação, da unidade entre os coralistas. Assim, divididas as tarefas, tudo ficava mais fácil! E posso mesmo ressaltar mais detalhes a respeito, ainda utilizando o nosso Coral como ponto de partida:

a) Meu Regente Auxiliar era, sem dúvida, um músico melhor que eu em sua função. Deus me livre de trabalhar com alguém pior! Eu delegava a ele essa autoridade sobre o Coral porque sabia que ele daria conta do recado, porque confiava nele. O trabalho em equipe exige de nós uma grande dose de confiança nos outros. A falta de confiança no outro gera a autossuficiência e a autossuficiência leva à solidão. É preciso que aprendamos a confiar mais em nossas ovelhas. No começo é um tiro no escuro, depois acabamos descobrindo que o caminho é por aí.

b) A atuação de meu Regente Auxiliar fez com que o Coral não dependesse exclusivamente de mim. O bom líder é perfeitamente substituível, e isso não é ruim, não. Muitos de nós pensamos que ser coordenador é ser insubstituível. Posso até mesmo afirmar que grande parte de nossos líderes não costuma delegar autoridade pelo simples fato de ter medo de que alguém os supere. Não podemos pensar assim. Na verdade, como você poderia esperar que Deus lhe desse uma missão maior se não houver alguém preparado para assumir o que você faz hoje? Ser insubstituível em uma tarefa é condenar-se a, no mínimo, ficar ali para sempre, sem poder andar e nem deixar os outros andarem também. Em outras palavras:

a Obra não pode ficar condicionada a uma só pessoa. É necessário que nos desapeguemos do poder.

Essa dinâmica de trabalho de equipe, porém, requer maturidade. O líder imaturo pode ver no ato de delegar autoridade a oportunidade de ouro, o pretexto perfeito para entregar o trabalho nas mãos dos outros e ficar só olhando e dando ordens. Isso não é trabalho em equipe, mas, sim, insensatez. E aí já é uma questão de discernimento (ou falta dele).

2.5. Assumir a unção e a autoridade que Deus nos concede

"Muitos acreditam que não serão capazes de dirigir [nem mesmo] uma reunião de oração. Estão somente com parte da verdade, pois, sozinhos, isto lhes seria impossível. Enganam-se, pensando que Deus nos pede unicamente aquilo que podemos realizar ou o que está dentro de nossa capacidade. Não. Muitas vezes Ele nos pede coisas que não podemos ou não sabemos fazer. É para que ponhamos toda a nossa confiança nEle e não em nós mesmos e para que vivamos a fé, dependendo totalmente do Seu poder e não de nossa capacidade".[15]

---

[15] Fernando GALVANI, Curso de formação para coordenadores e integrantes de GOUs. *In*. SECRETARIA LUCAS. *Cartilha de informações*, n. 17.

Nosso amigo Fernando Galvani (o popular Mococa) foi, sem dúvida, muito feliz nesta colocação. Não somos nós que nos ungimos líderes do povo de Deus, foi o próprio Senhor que assim o quis, e se Ele fez isso, então está disposto a assumir as consequências! Ele nos dá a unção necessária para realizarmos a nossa missão. Esse dom é superior mesmo a nossas próprias mazelas. É como no caso de Davi.

Muitas vezes encontro-me meio "para baixo" no momento de fazer alguma palestra ou ministrar alguma oração. Mas Deus não vai deixar de agir por causa disso. Nessas horas eu costumo intimá-lo: *"Vamos lá, Senhor, você me escolheu, está aí o povo, agora passa por cima de mim e faz o que tem de ser feito"*. E mãos à Obra!

É justamente por isso que Ele não somente nos escolheu, mas também nos ungiu, pois não existe espaço para aquela *omissão disfarçada de humildade* que tanto tem rondado nossas lideranças.

– Ah, João Valter, mas eu sou um coordenador humilde. Eu não chamo a atenção de ninguém, eu não dou tarefas a ninguém, eu não cobro nada de ninguém.

Meu irmão, desculpe-me por dizer, mas no Piauí nós chamamos isso de irresponsabilidade!

Se você assumiu a missão, então se revista inteiramente dela! Isso é até mais fácil que ficar tentando fazer "gambiarras".

Vou novamente dar o exemplo do Coral. Ora, eu sou Regente, por isso, devo reger. Nada mais natural! Imagine se eu dissesse *"Ah, eu sou um regente muito humilde. Na hora das Cantatas o Coral fica todo no palco e eu me escondo lá detrás da cortina e rejo de lá"*.

Aprendi com Raimundo, Presidente do Conselho Estadual da RCC do Piauí, que a humildade é a verdade. E se a verdade é que Deus me escolheu para assumir a responsabilidade de seu povo, Ele fez isso porque quis. E se é verdade que Ele me quis nessa missão, ser humilde é também assumi-la em sua totalidade e mergulhar de uma vez por todas no oceano que se abre à minha frente. Ele, que conhece minhas fraquezas e defeitos, quis arriscar; quem sou eu para desaprovar Sua decisão?

Padre Flávio Junior (Sorocaba-SP) fala que a unção é semelhante a uma farda, um uniforme. Ela nos reveste de uma autoridade, de um poder que não é nosso, mas que exercemos à medida que vamos conhecendo seu alcance. Como um guarda de trânsito que, com um aceno, é capaz de parar todo o movimento de uma enorme avenida. As únicas coisas que o guarda precisa fazer para que isso aconteça são:

a) Ter vestido a farda;
b) Ir trabalhar.

Se ficar fardado em casa não vai adiantar nada, ir trabalhar sem farda também não.

Só o que precisamos fazer a todo momento é pedir *"Vem, Espírito Santo, eu não sou nada, não posso nada, por isso reclamo sobre mim a unção da liderança que o Senhor me concedeu"*. Devidamente fardados, agora é só ir ao trabalho!

Capítulo quarto

VAMOS FALAR DE REUNIÕES?

Em muitos lugares do Brasil, ser da RCC significa participar de uma infinidade de reuniões de vários tipos e com finalidades as mais diversas. De fato, quanto mais ocasiões para trabalharmos juntos, melhor! Só que, muitas vezes, o que fazemos ali é pura perda de tempo. Sabe aquelas reuniões das quais saímos superdesestimulados, sem resultados, cansados, sem graça? É, isso acontece, mas não podemos encarar como normal o fato de estragarmos uma quantidade enorme de tempo simplesmente por não sabermos conduzir as coisas.

É possível mudar esse panorama sem muitas dificuldades. Antes de continuarmos, duas constatações iniciais:

a) Em nosso meio temos três tipos principais de reunião:

– As reuniões semanais do grupo de oração;
– As reuniões do núcleo de serviço;

– As reuniões com servos e lideranças para decisões, planejamentos etc.

Como sabemos, quanto às reuniões semanais de oração de nosso grupo nenhum tipo de padronização pode se impor, uma vez que devemos ser simplesmente direcionados pelo Espírito Santo e levando-se em consideração, ainda, que cada grupo traz em si uma realidade totalmente nova, um jeito inteiramente original de ser Renovação Carismática.

Já a reunião do núcleo de serviço é o momento da experiência de pentecostes entre os servos, como a repetição do cenáculo vivido pelos primeiros cristãos (cf. At 2,1-4).[16]

Nossa atenção neste capítulo será voltada para o terceiro tipo citado acima, isto é, aqueles momentos em que líderes e servos em geral estão juntos para decidir ou planejar algo.

b) Por incrível que pareça, muitas reuniões não funcionam pelo simples fato de que não seriam necessárias

Ouvi certa vez um grande pregador nosso dizer "às vezes marcamos reuniões cujo objetivo é marcar as próximas reuniões". É isso. Muitos coordenadores mantêm uma reunião semanal com sua equipe apenas porque já se fazia assim antes de ele assumir. É como se essas reu-

---

[16] RENOVAÇÃO CARISMÁTICA CATÓLICA, *Grupos de Oração*, p. 9.

niões fossem apenas o pretexto para manter as pessoas ocupadas.

É necessário lembrar que toda reunião tem seus custos (coisas como transporte de cada participante, energia elétrica de lâmpadas e ventiladores, e, o que é mais precioso, o *tempo* de cada um) e esses custos devem ser levados em consideração na hora de nos perguntarmos "*precisamos mesmo de uma reunião neste momento?*"

Lembremos que uma reunião desnecessária sempre acarreta em perdas para o grupo:
– Perda de tempo
– Perda de ânimo (já que foi chata...)
– Perda de confiança (por ocasião das próximas reuniões as pessoas vão pensar duas vezes antes de atender a seu chamado)
– Perda de paciência (de todo mundo, inclusive a sua).

Isso sem contar que elas são a ocasião ideal para a exposição de rixas pessoais em meio ao grupo e para a produção da "politicagem de grupo" tão prejudicial à RCC, além de produzir decisões errôneas e desastrosas.

Veja que não estou dizendo que devemos abolir a maioria de nossas reuniões. Não é essa a solução. Na verdade "poucas reuniões podem ser um erro tão grande quanto reuniões demais"[17].

É uma questão de discernimento: o líder deve fazer uma análise objetiva da realidade de seu grupo, comuni-

---
[17] Patrick FORSYTH, *Como fazer reuniões produtivas*, p. 10.

dade ou secretaria e ver quais reuniões são, de fato, essenciais e quais são supérfluas, isto é, apenas mais um peso nas costas dos seus. Após essa análise, é só tomar a decisão de adequar a agenda de reuniões às verdadeiras necessidades existentes.

Sabendo que muitas reuniões são mesmo necessárias e extremamente importantes para o andamento da Obra, precisamos tomar conscientemente algumas medidas para que consigamos o máximo de eficiência possível. Isso não é tão difícil. Pelo contrário, é muito mais fácil coordenar uma reunião bem planejada que simplesmente marcar com todo mundo e "ir lá ver como vai ser".

As reuniões bem conduzidas podem trazer benefícios surpreendentes para nós. Nelas trocamos experiências, nos informamos a respeito de novos fatos, discutimos pontos de vista, analisamos e resolvemos problemas e, muito importante, motivamo-nos uns aos outros para não desistirmos da caminhada.

Assim, chegamos à conclusão que temos em nossas mãos todos os meios para fazer boas ou más reuniões, só depende de nossa postura enquanto líderes.

Sim, mas e agora?

Alguns passos bem simples podem nos ajudar a organizar melhor nossas reuniões. Vamos com calma:

1. Antes da reunião

É como dizem: *"Não planejar é o mesmo que planejar para errar"*. Assim sendo, vamos ao trabalho:

1.1. Quais resultados você está procurando?

Afinal de contas, o que você está querendo mesmo? Definir um tema para um Encontro, analisar saídas para dificuldades financeiras, planejar um retiro para o grupo etc.; seja lá qual for o seu objetivo, é preciso estar centralizado nele, senão as coisas desandam.

Ainda: esses objetivos devem ser claros, explícitos mesmo. Metas vagas serão tão inúteis quanto meta nenhuma.

Ao invés de ter como fim "estudar a possibilidade de tentar conseguir a doação de passagens aéreas para trazer o pregador de nosso Congresso", proponha "escolher duas pessoas para ir à agência de viagens 'tal' com uma proposta específica de patrocínio". Na segunda opção temos uma visão muito mais clara da situação, algo muito mais simples.

1.2. Estabelecidas as metas, elabore a pauta de sua reunião

Estou falando de escrever mesmo. Não confie apenas em sua memória, faça uma lista organizada de todos os itens que devem ser tratados em sua reunião, se possível, até mesmo com a estimativa de tempo a ser gasto com cada um (pelo menos para os principais).

Outra sugestão: não escreva essa pauta em sua agenda pessoal. Esse monopólio de informação não faz sentido algum. Faça-a em uma folha separada, bem organizada, e providencie cópias para os demais participantes da reunião. Com a pauta em mãos, todos serão capazes de acompanhar o andamento da reunião, fazendo suas próprias anotações, o que acarretará em maior aproveitamento do tempo, evitando aqueles *"repita aí, por favor"* ou *"que assunto estamos discutindo mesmo?"*

A tempo: o ideal é que essa pauta seja enviada com antecedência de alguns dias a cada participante. Essa medida (utilizada, inclusive, pelo Conselho Nacional da RCC) possibilita uma análise prévia e uma preparação muito melhor de cada um em relação aos itens a serem tratados.

Avisos (missas, encontros, aulas de EPA, datas comemorativas etc.) podem também ter espaço aqui, dessa maneira não perderemos tempo comentando cada um durante a reunião.

1.3. Metas claramente estabelecidas, pauta organizadamente elaborada, agora veja quem realmente deve ou não tomar parte do processo

Antes de convocar alguém para uma reunião, analise os dois lados de sua participação:

– Que contribuições essa pessoa trará?

– Ela pode gerar confusões e distrações? Quais? Vale a pena arriscar?

Convide apenas quem tem o que fazer em sua reunião. Nesse ponto precisamos ser bem assertivos mesmo. Não há espaços para *"Ah, mas Fulaninho está entrando no grupo agora, se ele não participar da reunião do Conselho Diocesano da RCC, vai se decepcionar e abandonar tudo"*. Esse não é um pensamento correto (a não ser que o Espírito Santo leve a liderança a um discernimento diferente). Na realidade, nesse caso específico, não será bom nem mesmo para o irmãozinho iniciante participar de uma reunião de decisões. Ele precisa é de querigma, oração, pastoreio...

Se o líder deixa bem claro desde o início que certas reuniões são específicas para algumas pessoas, o povo entende, sem dúvida. Basta esclarecer: não é que sejam secretas, mas, sim, uma questão de ordem.

1.4. O local

Sei que pode parecer um mero detalhe, mas o ambiente em que nos reunimos pode influenciar decisivamente nos resultados de nossa reunião. É simples, se você não está se sentindo bem, não rende e pronto!

Fatores como pessoas demais em uma salinha apertada, iluminação insuficiente e cadeiras desconfortáveis são extremamente prejudiciais. As pessoas quando mal acomodadas tendem a desejar que a reunião acabe logo, para se verem livres daquele suplício, daquela tortura. Se elas desejam que acabe, inevitavelmente farão tudo para que isso aconteça, inclusive votar apressadamente ou mesmo passar por cima de aspectos importantes de uma discussão.

Convém que o coordenador veja previamente o local onde vai reunir seu povo, providenciando a limpeza e a organização necessárias para que o ambiente seja favorável.

1.5. O horário

Marque um horário conveniente. Seja realista quanto às possibilidades dos participantes e não invente de exigir o impossível, pois isso não vai dar certo.

Vinícius Nishioka, membro do Grupo de Dança Pia Mater (RJ) e pregador da Secretaria Moisés, disse-me certa vez:

– João, há lugares do Brasil nos quais não adianta você dar uma hora e meia de almoço, pois as pessoas vão gastar três!

É isso mesmo! Muitas vezes esquecemos que nem todo mundo tem carro, que alguns andam com os filhos e que todas as pessoas (inclusive nós mesmos) estão sujeitas a imprevistos.

Aconteceu durante o Encontro Nacional das Secretarias de 2002. Por causa de nossa extensa programação, um dia as atividades da manhã foram concluídas já às 13 horas. Nem pensei duas vezes: obviamente marquei o retorno das atividades de minha Secretaria para as 15 horas. Pedir que meu povo voltasse para o hotel, tomasse banho, almoçasse, repousasse um pouco e fosse até o local da reunião em menos de duas horas seria algo totalmente fora da realidade. Por que propor isso, então?

É preferível marcar para as 15 horas e ser pontual que marcar para as 14 e ir "esperando mais um pouquinho" até 15 horas.

Outro detalhe: marque o horário de encerramento também, pois ainda que você não precise programar-se para depois da reunião, muitos outros precisam e o líder tem de respeitar isso.

2. Durante a reunião

2.1. Seja pontual

Comece exatamente na hora marcada, nem que estejam presentes somente você e mais alguns poucos "gatos pingados". Isso é meio doloroso no início, mas logo as pessoas irão constatar que você é assim mesmo, e acabarão assimilando o hábito da pontualidade.

É preciso que esqueçamos aquela velha história de "vamos marcar para as oito horas para ver se começamos às oito e meia". Quando alguém diz isso perto de mim eu faço questão de esclarecer logo "não, amigo, comigo vai começar no horário em que combinarmos". É claro que podemos ter alguns imprevistos, mas estes serão *exceção,* a regra é a pontualidade.

Ademais, ser impontual em consideração aos atrasados é uma enorme falta de respeito aos que chegaram na hora marcada, algo totalmente sem sentido. É mais ou menos o mesmo caso dos grandes supermercados, que têm um caixa especial para quem compra menos e deixam aqueles que estão com os carrinhos lotados (e que, consequentemente, trarão mais lucro à empresa) esperando em filas enormes, sem fim. Um desatino!

Bom lembrar que a pontualidade deve ser observada também no que diz respeito à hora de terminar a reunião. Que coisa triste aquela reunião que passa dezenas de minutos e até horas do horário previamente acertado para seu encerramento. O povo começa a ir embora aos poucos, pensando que os outros não vão notar. No outro lado da sala algumas pessoas ficam o tempo todo murmurando (talvez até com razão, pois podem perder o último ônibus da noite), enquanto alguns têm de sair e telefonar para casa para dizer que "mais uma vez a reunião extrapolou o horário". Não preciso nem dizer que isso é horrível, no que diz respeito a resultados.

Assim, cuide para que sua pauta seja adequada ao tamanho estimado da reunião.

Claro que às vezes acontece de um assunto ou outro exigir mais tempo do que calculávamos. Se, por acaso, for preciso estender-se um pouco mais, tenha a delicadeza de comunicar antecipadamente a todos, a fim de que se preparem para permanecer além do previsto. Isso não custa nada, só uma mudança de hábito de nossa parte.

2.2. Assuma desde o início a frente dos trabalhos

Não deixe as coisas rolarem, a não ser que seja sua intenção sondar os ânimos ou coisa parecida. Na maioria das vezes o bom mesmo é que o líder encaminhe as coisas, observe o andamento das discussões, esteja atento a tudo e ajude a equipe a não perder o rumo em conversas paralelas ou assuntos transversais.

2.3. Comece da forma correta

Em toda corrida uma boa largada é um dos grandes segredos para a vitória. Penso que com reuniões é a mesma coisa.

Por mais que existam muitos abacaxis a descascar, é bom evitar iniciar uma reunião já com as más notícias ou acusações ou mesmo lamentações do coordenador. Comece com uma boa nova (se procurarmos direitinho sempre haverá alguma) e depois de alguns minutos as pessoas estarão mais dispostas a enfrentar os obstáculos necessários.

Vale lembrar: também não adianta muito começar a reunião lamentando os que não vieram. O melhor é motivar os que se fazem presentes e começar a trabalhar objetivamente.

2.4. Incentive a participação de todos

Naturalmente, se estamos em uma reunião, é porque queremos ouvir opiniões e analisar outros pontos de vista. Assim, é importante que as pessoas participem mesmo, e não apenas concordem com aquilo que está sendo exposto ou proposto pela Coordenação.

Muitos motivos podem levar os participantes à retração durante uma reunião. Alguns mais comuns:

– Falta de preparação e intimidade com o assunto debatido (isso aquela ideia de enviar a pauta separadamente pode ajudar a solucionar);
– Clima muito pesado (uma boa oração inicial pode resolver esse problema);
– Medo de rejeição;
– Pressão de pessoas mais antigas, mais influentes, mais experientes etc.

Uma postura correta do coordenador pode facilitar bastante as coisas. Geralmente perguntas bem feitas quebram o gelo e abrem espaço para novas participações.

2.5. Por outro lado, participação não quer dizer abrir espaço para estrelismos

Mas nem todos os irmãos são calados durante nossas reuniões. Muitos chegam a atrapalhar os trabalhos pelo simples fato de tentarem participar demais. Vamos ver alguns tipos assim e algumas dicas de como lidar com eles:

– **O tagarela:** demora uma eternidade para expor qualquer ideia. Procura exemplos complexos para tudo, quase transformando a reunião em uma palestra.

Dica: o melhor aqui é mesmo esperar uma pequena pausa (nem que seja para pegar fôlego) e tomar a palavra, até mesmo usando como ponto de partida algum aspecto levantado pelo irmão. Então direciona-se a discussão para outro ponto ou estimula-se a participação de outra pessoa através de uma pergunta mais direta.

Nada nos impede também de claramente cortar o *tagarela*:

– Com licença, Irmão, nós estamos perdendo tempo. Eu gostaria de sugerir...

O importante é não desperdiçar momentos valiosos com o exibicionismo de ninguém.

– **O brigão:** Infelizmente alguns irmãos são sempre do contra. Independentemente do que se faça, eles estão o tempo todo criticando e frequentemente levam as coisas para o lado das pendengas pessoais. Muitas vezes chegam mesmo a partir para a ignorância. Não preciso nem dizer que isso amarra muito o trabalho, além de gerar desconforto geral.

Dica: Na maioria dos casos o melhor é exortar claramente logo no início da reunião que certas coisas não serão toleradas. Caso algum incidente se inicie, não é bom que o coordenador permaneça calado assistindo como os demais. Utilize sua autoridade e exija o comportamento adequado. O restante da equipe certamente o apoiará.

– Os cochichadores: Conversas paralelas, apesar de parecerem inofensivas, geram desconcentração e fazem com que algumas pessoas estejam sempre desatualizadas a respeito do que está sendo discutido.

Dica: Geralmente basta fazer uma pequena pausa e esperar que os *cochichadores* "se toquem". É bom, então, perguntar se o assunto se refere a todos e se desejam incluí-lo na pauta. Convém, ainda, solicitar que isso não se repita. Nas escolas primárias os professores costumam separar as crianças que conversam demais durante as aulas, se você vir que este sofisticado recurso pedagógico se adequa a sua equipe, simplesmente utilize-o.

2.6. Pausas estratégicas

Algumas situações, como discussões muito intensas, podem ser amenizadas com um pedido de silêncio:
– Atenção, pessoal, sentados onde estamos, vamos ficar

cinco minutos em silêncio total e depois eu irei retomar esta discussão.

Pode ser que uma pausa maior seja necessária. Então podemos sugerir quinze minutinhos para beber água e depois voltamos mais tranquilos.

Não pense que isso seria perder tempo, as discussões sem frutos costumam durar muito mais.

2.7. Registre o que acontece

Mesmo que seja uma reunião das mais simples, não custa nada registrar em ata as decisões, comentários, ideias, sugestões, reflexões etc. Basta indicar alguém que sirva como "secretário" da reunião e pronto. Pode-se também gravar toda a reunião e posteriormente transcrever o que interessa.

Essa medida poderá evitar que simplesmente *esqueçamos* o que se tratou a respeito de algum ponto e ainda fornecerá no futuro elementos para uma avaliação mais global do andamento das coisas.

3. Depois da Reunião

Depois da reunião concluída, é muito interessante que se pense em maneiras através das quais os direcionamentos e decisões ali desenvolvidos sejam lembrados e aplicados da melhor forma possível.

Uma boa ideia é a elaboração de uma síntese clara e objetiva, na qual cada um dos pontos da pauta venha acompanhado do que se resolveu a seu respeito. Essa síntese pode ser enviada a cada participante e mesmo para os faltosos, se a coordenação assim julgar conveniente. Ela pode também ser distribuída no início da reunião seguinte.

***

Como vimos, algumas ideias bem simples podem ajudar-nos a aproveitar melhor nossas reuniões. Não custa nada lembrar que não temos aqui regra alguma, mas somente sugestões, que frequentemente têm dado certo dentro e fora da RCC.

Capítulo quinto

OBEDIÊNCIA

O ano era 1999. Em uma pequena cidade do interior de Minas Gerais havia um quartel. Ao lado de sua entrada principal estava um banco, desses de praça, no qual era proibido sentar. Dia e noite os guardas do portão ficavam atentos para que ninguém, em hipótese alguma, sentasse naquele banco.

Um jovem tenente recém-chegado da Academia achou muito estranha aquela ordem sem sentido e foi conversar com o chefe da guarda a respeito.

– Tenente, desde que cheguei a este quartel que é proibido sentar aí.

Resolveram então perguntar ao cabo Almeida, o soldado mais antigo em serviço, se ele tinha alguma informação a dar. A resposta foi a mesma: desde que entrara no Exército a ordem era impedir a qualquer custo que qualquer pessoa, civil ou militar, sentasse no banco. Há uns vinte anos já haviam até pego em armas por causa de um bêbado que insistira em transgredir a lei.

Intrigado com a situação, o oficial foi procurar nos arquivos da Companhia as razões para aquela instrução descabida. Remexendo memorandos, ordens, despachos etc., acabou encontrando a origem da misteriosa ordem.

Em 1934 aquele quartel passou por sua primeira reforma estrutural. Naquele ano todos os bancos do prédio foram pintados de azul.

Temendo que algum passante desavisado resolvesse descansar no banco recém-pintado e consequentemente acabasse sujando as calças e as costas com a tinta fresca, o *oficial em chefe* da época ordenou ao guarda do portão que ficasse de olho para que ninguém sentasse. Só que ele esqueceu de suspender a instrução e a ordem foi passando qual herança de guarda em guarda, de geração em geração através de longos 55 anos até a chegada do jovem tenente!

***

Quando ouvimos em nossos encontros palestras que falam sobre obediência quase sempre aparece a célebre frase: *"Quem obedece nunca erra"*.

Mesmo assim, em quase todos os lugares do Brasil aonde vou para pregar ou participar de reuniões, uma das mais frequentes lamentações que me chegam aos ouvidos é justamente esta:

– *João Valter, por mais que insistamos, o pessoal daqui não obedece à coordenação.*

Às vezes parece que coordenador e coordenados falam línguas totalmente diferentes: simplesmente não se entendem, não concordam, não conseguem ser um só coração. Como entre os habitantes de Babel (cf. Gn 11), a confusão está instalada e nada parece andar para frente.

Qual a razão de tanta dificuldade? Na maioria dos casos o "x" da questão está na maneira como encaramos a obediência em nosso meio. Eu explico: a obediência no Reino de Deus não é uma obrigação que se impõe, é um ato de amor à Obra, uma decisão que visa primeiramente **manter a Unidade**. A Unidade é a chave.

Porém, a verdade é que nem sempre conseguimos entender o sentido, o valor da Unidade na Igreja. Jesus poderia ter pedido qualquer coisa naquela sua última oração no horto das Oliveiras, mas o que encontramos? A poucas horas de sua paixão nosso Salvador roga pela Unidade dos que o Pai lhe havia confiado (cf. Jo 17). A Unidade é *o rosto de Pentecostes*, se em Babel as línguas se confundiram e os homens não conseguiram mais fazer nada, em Pentecostes todos que estavam por ali, mesmo vindos de lugares totalmente diversos, conseguiram entender-se (cf. At 2,8-11) e uma Obra extraordinária, uma torre que jamais ruirá, teve início: a Igreja.

Somente por causa da Unidade nossa obediência faz sentido. Eu não obedeço meu coordenador por achar que ele está sempre certo, muito menos por considerá-lo a pessoa mais capacitada para decisões. Eu obedeço em nome da Unidade, para que aconteça *Pentecostes* e não *Babel* na Renovação Carismática, para que o último pedido de Jesus antes de subir à cruz seja realizado aqui, agora, dentro de meu grupo de oração.

Entretanto, quando o coordenador tenta se impor tal qual um sargento em meio aos seus, quando um líder carismático cai no *iluminismo* de pensar que os outros são obrigados a obedecê-lo cegamente, aí a coisa desanda mesmo! Precisamos perceber que Deus não obriga ninguém a fazer nada, nas coisas Dele valem os movimentos do coração, a espontaneidade daqueles que agem por amor.

Os coordenadores precisam entender que a Obra de Deus não é simplesmente uma tropa ou um destacamento militar no qual as pessoas devem submissão total a outrem. Os membros de um grupo não são *súditos* mas, sim, **amigos** (cf. Jo 15,14s), portanto, a obediência no Reino de Deus é mais uma relação de **confiança** que puramente o cumprimento de ordens.

Sempre fiquei admirado com a paixão dos brasileiros por seus times de futebol. Às vezes o time vai mal: perde todos os jogos, salários atrasados, denúncias de corrupção na direção... e lá estão os torcedores: de pé nas arquibancadas, gastando dinheiro para ir aos estádios, saindo nas quartas-feiras à noite e voltando de madrugada exaustos para casa depois de mais uma derrota em campo. Mas isso não os desanima, e ai daqueles que falarem mal do seu time no outro dia!

Por que um mero time de futebol consegue tamanha motivação das pessoas? Ou melhor: por que nós não conseguimos ânimo semelhante ao do povo em relação à Obra de Deus, que, diga-se de passagem, é muito mais importante para a humanidade que um jogo de futebol?

A fidelidade dos torcedores de futebol vem do fato de que eles se sentem *parte essencial* do time. Eles se entendem como *amigos* daquela obra. Nenhum dirigente precisa ficar "buzinando":

– *Vocês têm de ir ao jogo!*
– *Torçam com mais força!*

Fiquei muito impressionado também quando conheci um pouco mais da história do jovem macedônio chamado

Alexandre, que assumiu a liderança dos soldados de seu pai quando era ainda um adolescente. Ele não foi como aqueles vários outros jovens monarcas de seu tempo, que se encastelavam distantes de tudo e deixavam os generais fazerem o que quisessem com seu povo. Alexandre decidiu ir morar em uma tenda ao lado de seus soldados e partia para cada batalha com eles. Aos poucos aquele menino louro foi se tornando um combatente valoroso e adquirindo uma sabedoria fora do comum (poucos sabem, mas o célebre filósofo grego Aristóteles foi seu preceptor), conquistando a simpatia dos rudes gladiadores macedônios. No dia a dia ninguém o chamava de "Rei" ou de "Meu Senhor", todos o tratavam simplesmente por "Alexandre", e cada um daqueles homens estava disposto a dar o próprio sangue para evitar um só arranhão em seu líder. A Humanidade conhece esse guerreiro como *Alexandre, o Grande,* e ele expandiu seu Império desde a Grécia até o Oriente.

Veja que eu estou falando de um líder *pagão*. Se ele, que não tinha uma experiência poderosa do Espírito Santo como a que nós temos em nossos dias, conseguiu tudo isso, quanto mais conseguiremos nós, que somos testemunhas da Ressurreição de Jesus.

Você quer fidelidade de seu povo? Você quer que os membros de seu grupo façam cada um sua parte, mantendo a unidade a fim de que a Obra caminhe rumo à vontade do Senhor? Você quer que seu rebanho confie em você, em sua coordenação? Então conquiste a confiança de seu povo, faça com que eles verdadeiramente *torçam a favor da coordenação.*

O melhor instrumento que podemos ter para alcançarmos esse nível de relacionamento é mesmo o nosso testemunho. No Reino de Deus a autoridade curiosamente só existe ao lado da humildade – já sabemos que no sistema de governo do mundo não é assim que as coisas funcionam (cf. Lc 22,24-30). Assim, coordenador, se você sente que seu povo precisa intensificar mais a vivência da oração pessoal, não se limite apenas a *ordenar* que todos sejam fiéis nisso. Claro que é importante que você o oriente nesse sentido, mas o que de melhor você pode fazer é mesmo mostrar no dia a dia os reflexos benéficos de sua própria oração pessoal. Se as pessoas perceberem que você é alguém feliz, que vence os desafios pelo poder do Espírito, que simplesmente caminha tranquilamente por sobre as dificuldades e que a oração tem transformado sua vida da água para o vinho, essas pessoas acabarão por desejar viver a mesma coisa e naturalmente irão voltar-se para a oração pessoal. É assim em todos os aspectos, e Jesus mesmo comentou a respeito com os fariseus (cf. Lc 11,46).

Por fim, vale lembrar que as coordenações na estrutura da Renovação Carismática **não constituem hierarquia alguma**. Pelo contrário: nossas coordenações são simplesmente postos de *serviço*.

Capítulo sexto

A PROPÓSITO DE UMA TAL "VISÃO"

A primeira pessoa que me falou a respeito foi Sidney Telles. Foram estas mais ou menos suas palavras:
– João, o importante é que você não perca de vista aquilo que o Senhor coloca em seu coração em relação aos rumos para o seu povo. Nada, nem mesmo as próprias coisas da Secretaria, podem enevoar essa visão.

Confesso que não entendi muito bem o que ele quis dizer, mas decidi guardar o conselho em meu coração a fim de retomá-lo mais vezes depois.

Aos poucos fui percebendo que **muitos de nossos coordenadores perdem tempo demais resolvendo pequenos problemas**, solucionando pormenores que até são da Obra, mas que acabam gastando seu tempo, afastando-o do que é essencial.

É nosso amigo Prado Flores quem afirma:

> "Uma tentação frequente dos dirigentes é seu complexo messiânico, crendo-se insubstituíveis, caindo na autossuficiência que nos conduz ao isolamento. Por isso, o grande tormento dos ditadores é o preço da solidão que devem pagar. Decidem sozinhos, como se fossem absolutamente indispensáveis,

e os demais [passam a considerá-lo] acima da fronteira da amizade. E não podem [nem] ter amigos, pois a amizade só acontece entre iguais."[18]

Foi quando me deparei com a passagem Êx 18,13-27.

Durante os primeiros tempos daquela imensa jornada, Moisés acumulou sobre si todas as funções importantes diante do povo. Pela manhã ele sentava à sombra de uma árvore qualquer e os hebreus faziam fila para resolver suas "pendengas" pessoais familiares. Horas, dias, semanas eram consumidas assim.

Era o filho de Arfaxad que havia roubado a galinha de Henoc, seu vizinho; era o cabrito da velha Samir que levara uma pedrada e ninguém conhecia o agressor; era a filha de Caleb que havia perdido umas pulseiras que sua avó lhe deixara antes de morrer e agora desconfiava de uma prima invejosa. Coisas assim, do dia a dia.

Moisés escutava os dois lados de cada discussão, julgava como melhor lhe parecesse e decretava sua sentença. Às vezes estavam em plena marcha e eram obrigados a parar, a fim de que ele apartasse uma briga entre irmãos.

Jetro, sogro do profeta, viu que essa situação era ruim, tanto para Moisés, que se desgastava com picuinhas alheias, quanto para o povo, que tinha de esperar em uma fila enorme até que seu líder tivesse tempo de escutá-los um a um, e pior ainda para a própria Obra de Deus, pois que cada dia que passavam envolvidos nesses julgamentos significava mais tempo ainda perambulando pelo deserto mais à frente.

---

[18] José H. Prado FLORES. *Para além do deserto*, p. 131.

Assim, o velho sacerdote madianita chamou a atenção de seu genro e lhe deu o conselho de escolher do meio do povo cinquenta homens de confiança que iriam ficar encarregados de, durante todo o resto do caminho, resolver essas querelas que apareciam. Somente os casos mais importantes seriam levados ao conhecimento de Moisés. A ideia foi acolhida, foi instaurada uma espécie de *"juizado de pequenas causas"* (guardadas as devidas proporções) e as coisas começaram a se organizar.

Não estou falando apenas das vantagens do trabalho em equipe no que diz respeito à execução de tarefas, como fiz no capítulo terceiro. Estou dizendo que o coordenador não pode ser um simples *"resolvedor de problemas",* pois seu chamado é muito maior que isso.

Veja que o líder tem a missão maior de guiar o povo em direção ao que o Senhor tem reservado mais à frente, tudo o que atrapalha, emperra, amarra, impede que essa missão maior seja levada a cabo deve ser oportunamente delegado a pessoas de confiança, pois a obra não pode parar.

Assim, três pontos são importantíssimos no desenvolvimento do que falamos até aqui:

1. **Escuta** – Se você não está em oração e não escuta o que Deus quer falar, como espera que Ele revele Seus planos?

2. **Avaliação** – Quando colocamos frente a frente *a visão que Deus nos dá para a Obra* e *aquilo que atualmente estamos realizando.* Então podemos perceber se as coisas estão acontecendo conforme o que Ele nos coloca no coração. Considere este momento como quem tenta imaginar o

que se passava na mente de Moisés no exato momento em que Jetro lhe falava.

3. **Ação** – Somente saber que algo precisa ser mudado não adianta muita coisa. Dê o passo, vire a mesa: confie as tarefas secundárias aos irmãos que o Senhor lhe concede e assuma a condução do povo, pois para isso você foi chamado.

Podemos lembrar que isso implica puramente em conseguirmos diferenciar o que é *essencial* daquilo que é *acessório*. Ambos são importantes, porém **o que é essencial é essencial** (desculpem-me a ênfase um tanto estranha).

Quando perdemos tempo e energia com coisas secundárias estamos agindo mais ou menos como alguém que diz a seu colega:

– Rapaz, comprei um cinto de segurança de última geração. Tiras de couro sintético emborrachado, presilha cromada, regulador automático de pressão toráxica, um luxo!

– Que legal – responde o amigo – e quando vai colocá-lo no seu carro?

– Não tenho carro, não. Tenho só o cinto!

***

Para finalizar, vamos às sábias palavras de D. Alberto Taveira, Arcebispo de Belém do Pará:

"... não é à toa que na Renovação Carismática todos nós nos chamamos de **servos**. Jesus não somente indicou nossa missão na Obra de Deus, mas também nos mostrou *com que espírito deveríamos nos entregar à missão*".

Isso significa ter maturidade o suficiente para entender que o mistério da liderança na RCC é o de *ser o servo de todos ainda que estando à sua frente*.

Por fim...

Aquelas nuvenzinhas brancas vão desmanchando sob meus pés à medida que eu caminho rumo a uma luz que me parece cada vez mais intensa. Ao longe canta um Coral simplesmente extraordinário. Chego devagar (esse é meu jeito), aos poucos posso perceber a figura de um velhinho sentado logo à minha frente. Ele se levanta, seus olhos profundos penetram os meus.
– João Valter!
– Simão?
– Pedro. Simão ficou para trás, não lembra? Mas não vamos perder tempo com explicações, por aqui pouca coisa cabe naquilo que conseguimos dizer.
– Mas... e Moisés... Davi...
– Eles também querem encontrar-se com você. Porém existe Alguém que espera há mais tempo, na verdade Ele já não se podia conter.
Sinto uma brisa muito leve roçar meu rosto. Volto-me para sentir um pouco mais de seu perfume e encontro seu rosto.
– João Valter!
Jamais imaginei que meu nome pudesse soar de maneira tão doce!
– Je – Je – Je ...
Um sorriso aflora em seus lábios.

– Veja, Pedro, ele gagueja igualzinho a você quando está nervoso!
– Eu disse que as palavras não funcionavam tão bem por aqui – disse o Pescador.
– Venha, bendito de meu Pai! – sua voz consegue ser ainda mais suave – Você já não precisa dizer nada. A cada momento, a cada passo... eu não permanecia apenas a seu lado, eu estava no mais íntimo de seu coração e o seu coração, desde sempre, habitava nas profundezas do meu. Dá-me um abraço, acabou o escuro. Finalmente somos um.

***

Meus amigos, eu sei que nossa imaginação, como nos lembra São Paulo, jamais será capaz de conceber sequer um vislumbre daquilo que nosso Amado tem reservado para nós daqui a bem pouco tempo. No entanto existe uma certeza bem profunda em meu coração: eu não posso perder esse dia por nada! Lutarei com todas as minhas forças; consumirei cada um dos segundos de minha vida no caminho de volta para minha casa.

E se nossa liderança faz parte desse caminho, abracemo-la o mais fortemente possível, pois ela é parte de nossa felicidade.

Não estamos dando nossa vida por um grupo de escoteiros, por um sindicato ou qualquer outro trabalho puramente humano; estamos em uma batalha ainda muito maior: somos os herdeiros da Torre de Pentecostes, os construtores da Cidade de Deus.

Que palavras mais posso deixar para aqueles aos quais Ele confiou a menina de seus olhos? Que sejam bonzinhos? Que tomem cuidado porque muito foi dado, então muito será cobrado? Não. Não é esse o estilo de nosso Pai!

A única coisa que posso dizer é que desejo, anseio mesmo, encontrar com cada um de vocês naqueles dias em que finalmente nos aconchegaremos nos braços Daquele que nos ama desde o início dos tempos, desde o princípio de tudo. Ali teremos a certeza de que tudo valeu a pena.

Assim, a não ser por uma rápida modificação no tempo do verbo, acho que nosso livrinho pode acabar como aqueles que líamos aos pés de nossas camas, aqueles que alimentavam nossa imaginação infantil...

...e viveremos felizes para sempre.

***

E-mail do autor:
joaovalter@hotmail.com

BIBLIOGRAFIA

Livros

1. CHEVROT, Georges. *Simão Pedro*. 2ª ed. Coimbra: Áster, 1957.
2. CHIAVENATO, Idalberto. *Introdução à teoria geral da administração*. 6ª ed. Rio de Janeiro: Campus, 2000.
3. FLORES, José H. Prado. *Para além do deserto*. São Paulo: Loyola, 1996.
4. _____. *Pedro, discípulo e pastor*. 8 ed. São Paulo: Loyola, 1999.
5. FORSYTH, Patrick. *Como fazer reuniões produtivas*. São Paulo: Nobel, 2001.
6. FRANK, Milo O. *Como apresentar as suas ideias em 30 segundos – ou menos*. 12ª ed. Rio de Janeiro: Record, 1999.
7. GALVÃO, Antônio Mesquita. *O pescador de homens*. 2 ed. São Paulo: Paulinas, 1987.
8. HEREDIA, C. M. de. *Memórias de um repórter dos tempos de Jesus*. Tomo II. 3 ed. Petrópolis: Vozes, 1962.
9. KIYOSACK, Robert T. e LECHTER, Sharon L. *Pai rico, pai pobre*. 21 ed. Rio de Janeiro: Campus, 2000.
10. MENGHI, Renato. *Davi, o mestre dos músicos*. Aparecida: Santuário, 2002.
11. MESSADIÉ, Gerald. Moisés: o profeta fundador. Rio de Janeiro: Bertrand Brasil, 2002.
12. MESSADIÉ, Gerald. Moisés: *Um príncipe sem coroa*. Rio de Janeiro: Bertrand Brasil, 2001.

13. RACHET, Guy. *O Rei Davi*. Rio de Janeiro: Nova Fronteira, 1987.
14. SCHINIASHIK, Roberto. *Você: a alma do negócio*. São Paulo: Gente, 2001.
15. SIENKIEWICZ, Henryk. *Quo vadis?* Rio de Janeiro: Ediouro, 1972.
16. SMITH, Jane. *30 minutos para tomar a decisão correta*. São Paulo: Clio, 1997.
17. SMITH, Steve. *Seja o melhor*. São Paulo: Clio, 1997.
18. WILFRID, J. Harrington. *Chave para a Bíblia*. 5 ed. São Paulo: Paulus, 1985.

Periódicos, artigos e afins

19. RENOVAÇÃO CARISMÁTICA CATÓLICA. *Plano de Ação*. s/ed, 2002.
20. SECRETARIA LUCAS. *Cartilha de informações*. s/l, s/ed, 2001.

Subsídios exegéticos (sobre Pedro)

21. TAYLOR, W.C. *Dicionário do Novo Testamento grego*. Rio de Janeiro: JUERP, 1983.
22. NICCACI, A. – BATTAGLIA, O.: *O evangelho da verdade (o evangelho hoje V)*. Petrópolis: Vozes, 1980, p. 222 (comentário a Jo. 21, 15).
23. SCHNACKENBURG, R.: *Das Johannesevangelium 3. Teil (Herders theologischer Kommentar zum Neuen Testament, Band IV)* Freiburg – Basel – Wien: Herder 1979, S. 432/433.

ÍNDICE

Esbarrando em um líder carismático 7

PRIMEIRA PARTE 11

Capítulo primeiro
MOISÉS 15

Capítulo segundo
IN VERBO TUO LAXABO RETE 31

SEGUNDA PARTE 43

Capítulo terceiro
UMA QUESTÃO DE POSTURA 43

1. Relacionamento
 1.1. A pessoa agressiva 44
 1.2. A pessoa não assertiva 46
 1.3. A pessoa assertiva 47

2. O bom líder em ação
 2.1. Organizar o tempo: uma prioridade 49
 2.2. Capacidade de realização – não ter medo de errar 51
 2.3. Humildade 52

2.4. Delegar tarefas: o trabalho de equipe
é um dos grandes segredos da liderança 53
2.5. Assumir a unção e a autoridade que Deus nos concede 56

Capítulo quarto
VAMOS FALAR DE REUNIÕES? 59

Capítulo quinto
OBEDIÊNCIA 75

Capítulo sexto
A PROPÓSITO DE UMA TAL "VISÃO" 81

POR FIM 87
BIBLIOGRAFIA 91

A marca FSC® é a garantia de que a madeira utilizada na fabricação do papel deste livro provém de florestas que foram gerenciadas de maneira ambientalmente correta, socialmente justa e economicamente viável.

Este livro foi composto com as famílias tipográficas Times e Tiffany e impresso em papel Offset 75g/m² pela **Gráfica Santuário**.